元空居士——著

風水應該這樣學

想做風水師先看這一本

一看就會的陽宅風水

林序

講風水的書很多，但這本的確與眾不同，淺讀讓你開卷有益，深讀更讓你如獲珍寶，為人生道上加一項成功的保證。

作者先以論陽宅與人生之關係，以引起動機，進而述明陽宅的理論基礎—八卦易經，然後進入實務應用要領，而論陽宅的外勢、內勢、納水及理氣之運用，深入淺出，條理井然，更盡量以圖表說明，使人概念清晰，易學難忘，與一般空言渲染故弄玄虛者大不相同，其用心確實可佩。

尤其可貴的是，作者毫不藏私，把發財的秘訣—陽宅催財特別法，專章敘述，讓人徹底了解，值得重視。而本書之精華，首推元運及實例二章，雖因囿於師訓，不能將元運和盤托出，但從實例細細推敲，思之思之，鬼神通之，不無徹悟之時，深願讀者寶之重之，孔子曰：「舉一隅，不以三隅反，則不復誨焉！」一隅已舉，讀者諸大雅君子其有意乎？

作者原任職財政部，自得三元秘旨後，有感於歲月不居，遂申請退休改行從商，先以自家陰陽宅為試驗，果然數年間，已是一位令人稱羨的成功企業家了。親朋好友或有如其精通此道者，邀他作福，無不獲益滋多，如應斯響，因此，本書所說之法則，雖是集三元、三合、九星等名家於一爐，乍看似乎龐雜，但無不是作者從師多門，且經無數次驗證有效的心血結晶。清初大堪輿家蔣大鴻曾推崇玄空大卦說：「世之好陰陽者，有緣會通，信而行之，頃刻有魚龍變化之徵！」這句話對於本書，當也可貼切適用。

作者與我年相彷，醉心堪輿垂四十年亦復相彷，故深知其為集各家之長，深所有得之士，且其富於科學精神，一切以證驗有效是崇，尤值欽佩故樂於推介。

東亞聯合會計師事務所 創辦人 **林鴻基** 博士 謹誌

陳序

俗話常說：「風水輪流轉。」但風水到底是如何轉，卻很少有人真正了解。古今不少人研究風水輪流轉之法，但誰家學問才是真的，才能靈驗，是堪輿界歷來爭論不休的課題。其實，所謂風水輪流轉之學問，即是三元家講時間因素的大法。用於陽宅，立即可知：何宅吉、何宅凶，何時吉、何時凶，絲毫不差。

一般人也都知道：路沖的房子，吉凶力量特別大，特別明顯。要是對於路沖的房子，能知道何路吉、何路凶，何時吉、何時凶，何路可對、何路不可對、何路不得不對；能正確斷言：路沖房子的吉與凶，則學問才算真有把握，才是真學問。而這些學問，在本書有相當詳細的敘述，讀者用心體會，當有清楚的脈絡可循。

知道風水輪流轉之大法者、還要能即時利用才好。人之黃金歲月，不過短短幾十年。若能在適當時間利用到當運的陰陽宅第，則事業、功名、財祿、健康等，才能樣樣平安順遂。若能再配合時間的轉變，而轉移使用的方式，以長保厚福，則更吉更妙了。

能得到當運的陰陽宅第，凡事平安順遂之餘，一定還要多做善事，多積德，則享福才能長久。因為地理是與天理並論的。古人說：「智及之，德不能守之，雖得之，必失之。」也就是說：聰明才智到達相當程度，或有機緣能得到好的陰陽宅第，若不能堅守一定的道德標準，雖然能得到地位、名望、財富、權勢，但最終必定還是會失去的。吾師毛公暢然大師常常教誨我們：「唯地理與天理並論，發福之地，必留種德之家。」「得吉地全憑種德，非可強而致也。」確實是至理名言，值得深思力行。

本書作者元空居士師兄，與我同期追隨毛公暢然大師學習堪輿，至今已三十年了。毛大師之學問，最寶貴的有二：其一是尋龍點穴的功夫：能細辨龍穴之真假，是舉世難見，能確實點中太極暈土的明師。其二是三元玄空大法：用於陰陽宅，能即刻斷言陰陽宅之吉凶禍福，百試不爽。元空居士，將其多年心血，整理成書，公開發行，內容詳實珍貴，架構條理井然。有多年經驗累積才能體會的心得、技巧，更有師父傳徒弟的秘訣，都能毫無隱藏的詳加披露，實在是研習陽宅學問之最佳讀本。凡讀者用心閱之，當必有所得。敬佩之餘，特予推薦。

毛氏堪輿講座 會長 陳哲雄 謹識

自序

堪輿是古聖先賢智慧結晶，是中國特有文化資產，中國人用以趨吉避凶，用以謀事順遂。誠然值得探討鑽研，終生不懈。可惜現代人多藉口講求科學實證，視堪輿為迷信而不談，殊不知易理與實驗之配合，確具歸納演繹之科學精神，絕非迷信。今之台灣地區，若有人公然崇尚堪輿，即會遭社會輿論撻伐，譏諷備至，真是可嘆。反觀一九九七年，香港回歸中國，第一任特區行政首長董建華先生，就任前其辦公室，敦請堪輿家，安置辦公桌，並邀媒體參觀，記者問曰：「怎會相信風水？」答曰：「中國人嘛，總要相信。」坦蕩蕩心胸，是尊敬中國堪輿最好榜樣！

堪輿流傳至今，支派甚多，巧立名目，標新立異，終致真隱偽露，以假亂真，令人真偽難辨，其實諸凡不依易理，而證之不靈者，皆為偽說。堪輿有重形勢，有重理氣者，兩者各有所長，亦各有所偏，任捨其一，均不為全。故曰：「巒頭（形勢）無理氣不準，理氣卦理無巒頭不靈。」兩者兼備，始臻圓滿。然而巒頭無二家，理氣則百家爭鳴，眾說紛紜，又究應何所適從？要之，合乎易理，可以反覆驗證，百試百靈者，才為吾人服膺之真理。

陰宅為先人埋藏之場，陽宅是生人居住之所，兩者均為堪輿之標的，唯陰宅影響深遠，陽宅影響快速，二者不可偏廢。只是現今真穴一地難求，僅陽宅為易圖，更值得重視及研究，清初堪輿宗師蔣氏大鴻曰：「人生最重是陽基，卻與墳墓福力齊，宅氣不寧招禍咎，皆埋真穴貴難明。」又云：「試看田舍豐盈者，半是陽居偶合宜。」洵不誣也。

陽宅與墳墓福力齊，且應驗極速，何以致之？其法但求形勢合宜，取生旺之氣而引入，所謂：「只取三元生旺氣，引他入室是胞胎。」頃刻有玄妙變化之徵。然而三元氣運秘密在元空卦理，欲得此理，非真知河洛之秘旨者不能也。現代陽宅建築變化甚大，欲將易理適當引用，有其難度，唯有心者誠至必會領悟，是今以陽宅合用之易理，舉其大法大則，應用於現今各式宅體，並加圖解詮釋，以契合理氣與實務，舉凡一十章節，先言理氣後舉實例，其中獨悟之處，彌足珍貴，盼讀是書者，一以貫之，奧秘自在其中矣！

元空居士　謹識

第一章 總論

第二章 八卦易理

第三章 陽宅外勢

第四章 陽宅內勢

第五章　陽宅理氣應用

第六章　陽宅納水法

第七章　陽宅催財特別法

第八章　元運

第九章　陽宅個案實例

第十章　結語

第一章 總論

陽宅是生人食息之場，隨呼吸而立應，
欲求朝悴暮榮之術，須識移宮換宿之奇，
歷試不渝吾言若契。

世人不識重陽基，陽基效驗在須臾，
死生貧富如操券，育子遷宮貴及時。
建國定都關亂治，築城置鎮係安危，
試看田舍豐盈者，半是陽居偶得宜。

第一節　陽宅與人之關係

陽宅是人居住的處所，人生活離不開它。陽宅因坐向與形勢之不同，也就產生不同的納氣。氣有旺氣衰氣，人居宅內，長期受旺氣衰氣的薰染，人生禍福，諸如財富官運、夫婦婚姻、子女教育、身體健康、EQ情緒與氣質變化、後代孕育、事業發展等，莫不與所住之陽宅產生快速而深遠之影響。宅居得宜，一切順遂，宅居不宜，一切皆迍邅，所以一個想要成功的人必須要有一戶成功的宅第。

一、財富

陽宅不僅用來居住，人們更常以住宅的大小與華麗或簡陋，象徵財富的多寡：但多數人卻不知道，宅居與求財致富有絕對的關連。豪門巨宅固然是財富的表象，但不見得全是求財致富的好宅第，有所謂「富屋貧人」；簡單整潔而能迎旺氣的住宅，雖不足以顯示財富，也絕不能表示它不是一戶求財致富的好宅子，有所謂「白屋出卿相。」一戶能招財的宅子，不是以外觀大小及裝飾富麗與否為分野。

要求財富，一定要居住在一戶形勢得宜，且當值的旺宅，否則難達心願。所謂「形勢得宜、當值的旺宅」，是指現在住的房子，正好可接納到天心正運的旺氣，且從外面引到宅內或臥房。居於宅內，能受旺氣的感應，求財祿就自然順利。反之，所住之宅居，收納到衰氣，求財祿自然就多困頓，非常艱辛、起伏不定、時好時壞，最後落得兩手空空什麼都沒有。這裡所謂「衰氣」，是指收納不到天心正運，反而收到雜氣。因為不合卦理的雜氣，使求財之路佈滿荊棘，難走萬分。旺氣衰氣是分辨一戶宅居，能否招財致富的關鍵。要求財富一定要住到一戶迎接到天心正運的旺宅。

財富是人生最重大的事，生活樣樣需要錢，無一不與錢財有關。據八十六年四月份萬事達卡國際公司一項調查統計指出，在「人生以賺錢為目的」的項目上，有百分之七十八的台灣受訪者認同「賺錢第一」的看法，比率居各國之冠。另外「在人生中最重要的莫過賺錢」的問題上，有華人背景的亞洲國家奪得前三名，台灣以百分之八十七排第一，新加坡以百分之七十一居次，香港以百分之六十八居第三。顯示在各項事務之中，華人似乎以賺錢為最重要的人生目標。依此可知，近八成的台灣人以「賺錢為第一」。

居住台灣地區的人，以「賺錢為第一」，可是在今日這樣競爭的環境，賺錢可不是一件容易的事。當你在求財的路上，面臨挫折或無法突破困境時，你應有另類思考，回過頭來審視所居住的陽宅，是否為一戶收納到衰氣的宅子。清朝初年，堪輿大師蔣大鴻，（台灣堪輿界公認為正宗三元家的宗師）在其所著「天元五歌」中指出：「建國定都關治亂，築城置鎮係安危，試看田舍豐盈者，半是陽居偶得宜。」求財致富，陽宅一定要得宜，得宜的陽居一定是能接納到當值的天心正運，天心正運就是旺氣。

二、官運

「升官發財」，升官之後接著就會發財，是古時候的社會現象，今日已不復多見。在政府機關服務的人，不管職位高低，升遷是對工作表現的肯定，也是自我理想的實現。升遷一事對政府機關任職的人，莫不視為重大事件，個個都蹺首仰望。不過礙於員額的編制，並非認真工作，表現良好就有機會，而是要受編制的限制，因此就產生僧多粥少的現象。一有遇缺，競爭在所難免，動用關係請託，有的就因而常常陪榜，中榜的總不是自己。職位愈高競爭愈激烈，為了謀求出線，私底下的競爭就非常的激烈，但大多數的人總是希望落空。

自古以來宦海浮沉，仕途總是崎嶇難行，要平步青雲，可不是那麼容易。尤其現代民意高漲，當所管轄的職務，一出問題，就有民意代表要求辭職以示負責。光是要穩住寶座都很不簡單，更遑論要升官了。另有由民選出來的代表、議員、議長、市長之類，也常因處事不當，或涉違法一夕之間身陷囹圄，也不在少數。

為官的人，想穩固官位，或要更上層樓，都不是一件容易的事。如已陷入泥沼，想要脫困，而在解決方法用盡之餘，應該考慮每天居住的陽宅，以及處理公務的辦公室，是否如法？是否得當？如法又得當的陽宅，會幫助宦途平順，不如法不得當的陽宅，無形中會令仕途坎坷。蔣大鴻在「陽宅指南」中說：「世人不識重陽基，陽基效驗在須臾，死生貧富如操券，育子遷官貴及時。」開宗明義指出而又感嘆，世上的人不懂得重視陽宅，而陽宅對升官發富產生極大作用，而且影響非常之快速。

宦途要平順，除要有好的學識，處事待人圓融外，更要有好的機運，而機運從哪裡來？從陽宅來。陽宅如得法合得卦理，又能接迎旺氣入宅，很快就會帶來機運，帶來升官的機會。而受困的人，必然宅居不得法又衰氣入宅，應該即時改變宅居，改變納氣，去衰從旺，才能扭轉頹勢。所以蔣大鴻又說：「陽宅是生人食息之場，隨呼吸而立應，欲求朝悴暮榮之術，須識移宮換宿之奇，歷試不逾吾言若契。」，「移宮換宿」就是改變陽宅的住法，效應非常奇速，而且屢試屢驗。

三、夫婦婚姻

美滿家庭是依賴夫婦婚姻的和諧，共同經營出來的。夫婦的感情不好，是很難有美好的家庭生活，子女也會深受影響。所以夫婦生活，能否協調合和，是個重大的問題，這個問題，專家學者不乏其論述，但是總不能獲得絕對滿意的答案，好讓人依循，避免不必要的衝突和傷害。

每對夫婦都希望是和諧的，感情永不渝，而且白頭諧老。可是這個願望，卻很多人無法如願。依據八十六年三月十七日，內政部統計處指出，台閩地區在八十五年度一整年中，共有十六萬九十四百二十四對新人結婚，比八十四年增加百分之五點七三，平均每三點一分鐘就有一對結婚。同時也指出，八十五年整年，已經有三萬五千八百七十五對離婚，比八十四年度增加百分之七點五五，平均每十四點七分鐘就有一對離婚，每年以增加約一千對的速度一路攀升。一〇一年依「內政部戶政司」統計，全年離婚數量即達五萬五千九百八〇對，平均每天有一五〇對離婚，每小時有六對，即每十分鐘有一對夫妻離異，已居世界第三高。此種訊息，確實值得警惕。

台灣地區這樣高的離婚率，你害怕嗎？你或者不希望成為每十四點七分鐘離婚的那一對；或者你的婚姻已經出現裂痕，或者已面臨離婚，或者想維繫夫婦感情，當經過努力且嘗試各種方法，效果仍舊不顯著時，就應看看宅居哪裡不妥，有否違反法則。因為住宅不妥當，確實會影響夫婦感情及家庭生活。

夫婦同處一個住宅，生活關係密切，家的氣氛完全由夫婦共同營造，子女養育也深受影響，可說是生命共同體。家庭生活，完全受這宅居的影響，因為同個大門進出，同在一張床，門路是否得當，臥房納氣是否合理氣，是其關鍵：如宅門與臥房納氣不順，違反八卦的理氣，久而久之，受到雜氣的感應，自然就引發夫婦的衝突。尤其收納到八煞氣，夫婦自然不和；或者遇到桃花路或收到桃花水，外遇就不能免了。假如夫婦失和，或者有外遇，是因陽宅所造成，只要修改一下，或遷移臥房，所謂：「移宮換宿」，就可獲得根本的解決；如同疾病，找出病源，對症下藥，沒有不藥而癒的。

陽宅得宜，夫婦感情自然獲得永久穩固，所以要維繫夫婦感情，都應該注重宅居，以早未雨綢繆。

四、升學考試

現代家庭，因為子女少，且生活富裕，每個為父母的都非常重視子女教育。然而父母重視子女教育，卻是因社會仍舊相當重視文憑。文憑是初步被肯定能力的依據，有的聘僱單位，第一條件就限定了學歷，沒有達到那個學歷，連機會都沒有。所以文憑就是現今社會，非常重視而必爭的事了。

之前的教育制度。採取一試分勝負，現今雖已採多元入學管道，國中升高中，高中升大學，大學升研究所，想入好學校，或者國家的就業考試，也都非常不容易，所以為父母的、為子女的，沒有不受緊張、壓力的折磨。家庭一切資源都供應子女的教育升學，從小到大，極盡的呵護，望子女成龍成鳳，可是每年有很多人無法進入理想的學校。

子女升學考試，其本身的秉賦以及努力的程度，固然是勝負的關鍵，不過實際上，常有些資質與成績都不錯的人，常常演出「意外」落榜。常說：考試是「七分努力，三分運氣」，「意外」就因為這三分「運氣」不來。「運氣」是很難捉摸的，然而想要掌握這三分運氣，則可用陽宅的宅法獲得。

陽宅的宅法就是讓「意外」不發生。對於子女升學考試，如何讓「意外」不發生？首先先要避凶，所謂「避凶」就是陽宅有個文昌方位，絕不可設置廁所，因為廁所的髒氣會污穢文昌，污穢了文昌，永久不會科甲，考試的運勢就不佳，意外就會發生。另外還要趨吉，所謂「趨吉」．就是子女的臥房及書房，應該設在宅的文昌方位上，文昌方位可協助子女定心，專注在課業上，不必要的干擾也會減少，考試時的反應會比較敏銳。最後，書房臥房的納氣，還要能納到當值的旺氣。三者俱備，這三分「運氣」自然就掌握住了，意外就不會發生，升學考試就很容易上理想的學校。

五、身體健康

當人富裕而豐衣足食之後，就會特別注重身體健康，必須要有健康身體，才能享受富裕的生活。但是人在三餐不繼時，認為糊口比身體重要，肚子填不飽，哪在意身體健康。今日社會富裕了，人人都重視身體健康，但事實卻相反，常因為富裕的生活，反而害了身體健康。

身體健康與否，固然與個人的生活、飲食習慣，有絕對的關聯。只要生活有節制，適度運動，身體即可獲得健康。可是也有一些不是因為不良的生活習慣影響身體，而是因為陽宅出了問題，影響身體的健康。因為「陽宅是生人食息之場，隨呼吸而立應。」

蔣大鴻講得的確明白，陽宅是活的人，飲食及養息的地方，陽宅的好壞，影響人非常快速，如同一呼一吸那樣快就感應了。更感嘆世人不懂得重視陽基，以致招來許多凶禍。要注重健康享受美好的人生，就不可不重視所居住的宅第了。

陽宅講形勢講納氣，形勢有好惡，氣有衰旺。在人生最美好的階段，不懂得選擇一戶旺宅居住，實在辜負了財富。財富最終是用來養身保身的，有健康身體才能消受得了，而健康身體必須仰賴所居住的陽宅要能迎得旺氣。旺氣就是天心正運，人天天住在旺宅中，日夜受它的感應，身體自然不容易生病，永保健康。有病者也很容易因藥而癒。假如不巧住在一戶衰宅，再好的身體也經不起衰氣的衝擊，日久總會受不了。假如不能遇上旺宅，至少也應將臥房的納氣，調整合乎八卦理氣，臥房的納氣調順，氣順身體也就健康。為什麼呢？因為氣合乎卦理，人天天睡在臥房，就能睡得很好很熟，睡好竟是最好的休息方法，也是養身最基本的條件。

人生想要財富與健康兩全，非擁有一戶成功的宅第不可。

六、EQ情緒與氣質改變

陽宅講納氣，是說所住的宅居，所接納到的自然空氣與陽光，來自何方向，所接收到哪方向的空氣與陽光，因有方向之不同，就產生不同的反應；也就是因陽宅的方位，所引進來的氣與光，有很大的差異，其差異有吉與凶之別。

宅居所納的氣與光，是吉是凶，其影響的層面相當的廣泛，除財富健康外，也同樣影響心靈精神。所納的氣是吉是旺，人居於宅內，久之受其感應，心靈上也逐漸變為潔淨明亮，精神上會是開朗積極。若所納的氣是凶是衰，久而久之，心靈上自然就會變為沉悶消極，精神上變為憂鬱黯淡。

人能時常保有潔淨明亮的心靈，與舒暢積極的精神，對人生百態比較能看得透徹，比較能容忍他人，遇事則積極而平等對待，不嬌縱也不氣餒，永持平常心，人的EQ情緒就會隨之而自然的獲得適當的平衡，不假人為的管理。人的情緒最難控制，也最難永持平衡，但是只要住宅納得吉氣旺氣，情緒自然就改善。

人的氣質雖是與生俱來，也有後天培育的，後天培育一方面是教育，一方面是環境影響，環境影響最密切就是居宅，因為居宅是人的食息場所，宅的好壞馬上影響到生人，氣的吉凶衰旺，立即有所感應，吉旺之氣自然給人好的氣質，令人感到親切而高尚，喜歡與人為友，凶衰之氣令人覺得面目可憎，離群而索居。

所以要有好的情緒與氣質，必須懂得陽宅的移宮換宿的方法。將凶氣衰氣去除，迎接吉氣旺氣，但如何辨得？當然要選擇一戶成功的宅第。只有住在成功的宅第裡，EQ才能不假人為，自然而然之中獲得最佳情緒與最好氣質，自己因而自動與人為友，人必同樣以報。加上高尚氣質，群體互動中人緣極佳必然非常吸引人，人人樂於為友，如此，站在自己的崗位上，也會左右逢源，遇有困難會馬上獲得協助而突破。人生路途自然順遂，無往不利。反之，長期受兇衰氣的影響，心情自然沉悶消極，對人對事缺乏信心，畏首畏尾。如此一路走下來，當然步履蹣跚，裹足不前。尤其尚未結婚的人，最不能獲得異性青睞，永遠是孤家寡人。想要擇偶，必須先調整情緒，讓心情開朗起來，改變氣質，很有信心的走入人群，擁抱左右，理想的佳人，隨時就會出現，何愁擇偶不成。然而要達到此目的，最有效的方法，必須要住上一戶成功的宅第。

七、孕育後代

人類優生就從懷孕開始，為了使後代成為優良胚胎，就發展很多理論。認為母體關連胎兒，應從母體開始。母體飲食、行為、情緒等均直接影響胎兒，是為先天賦予。因此飲食必須要有所選擇，行為舉足也要有所規範，情緒更要常保持愉快，這一切不論有形無形，無非在使孕育中的胎兒，能在最良好的環境中成長，即所謂「胎教」。

胎教的種種規範，難免有些意外，出於控制之外。諸如母體發生疾病而必須服用藥物；藥物不慎，難免對胎兒發生不良副作用；母體工作上的壓力與緊張，當然也會多少連動胎兒。而另外突如其來的家庭變故，母體的情緒遽變，更會對胎兒有所影響。儘管如此，總是盡其所能予以避免或減輕。站在胎教立場，卻很少人注意到從陽宅居住著手。陽宅既然是生人食息之場所，育子遷官像呼吸一樣立即感應，應該從宅居配合。假如飲食、行為、情緒是有為的管理，那宅居環境選擇，是一種無為的管理。無為的力量往往較有為的為大。

陽宅講納氣與光，胎兒在母體中，當然更需要好的氣與適當的光。然而在陽宅的法則中，就是要選擇吉旺方的氣與光，吉方旺方來的氣與光，就是好的氣與適當的光。

母體在陽宅生活，尤其在臥房床上睡覺，一天至少也有七八個鐘頭，並且在睡眠靜止狀態中，長時間受外來氣薰染，十月懷胎中其影響甚大。吉氣旺氣當然對胎兒就吉，凶氣衰氣當然對胎兒就凶。如要優生，要給胎兒先天胎教，取陽宅法則，是最為自然而不假人為控制，無為自然的力量，其影響也最大，也最容易掌握。

人都知道先天胎教，與後天教育同等重要，可是卻很少知道利用陽宅法則，自然優生。試想陽宅可影響人生禍福，怎不會影響十月懷中的胎兒？所以要孕育出優良後代，必須慎重選擇宅居。唯有擁有一戶成功的宅第，才是育養後代最有效的辦法。

第二節 陽宅與命運

人類為了求生存，要與大自然險惡環境搏鬥，更為了有效因應未來變化，先策預謀；不過，人對於大自然的未來變化，總是無法事先預知，且有著極度迷惑與惶恐。人因為要預測未來，了解人生禍福，中國人有命運之論說。例如有以人出生之年月日時，四個時辰八字，分析人生未來的禍福。

而人之出生，是先天父母所賦予，自然現象，很少可以人為控制（剖腹生產例外），也因為如此，論命者據以推演人生順逆禍福變化，而知道有守有為，掌握未來的方向，以求事半功倍。重視宿命者，把一切歸於命運的安排，常言道：「富貴在天，生死有命」，逆來只好順受。

人生禍福，不外妻財子祿壽，而陽宅正也關係著這方面，雖與論命運者有同樣關注的焦點，可是，論說陽宅吉凶，卻不管命運，單就陽宅理論，分析宅之吉凶，即是論宅不論命。人的八字命運是先天安排，父母秉賦，已先有定數，隨時間流轉，任其變化，要發生的必然發生，是不可控制，不可改變。然而陽宅好壞，根據陽宅理論與宅居形勢，可改變其宅居空間方位，根據易理，調整納氣，使其乖逆不順之氣，轉換為順暢，氣順則人事順，氣不順則人事窒礙難行。

這裡所謂「氣」是指大自然之氣，在虛空中並無好壞，萬物秉其氣，而得以生存。人類建築宅屋生活其中，由於宅屋而有了方位，又因方位不同就產生納氣不同，納氣不同加上時間流轉，產生氣之衰旺，人住其中受衰旺氣的感應，發生吉凶不同變化。所以陽宅關係人生的禍福，人若能掌握陽宅之衰旺氣，即可趨吉避凶，彌補命運之不足。所以陽宅得宜，除可彌補命運的不足，更可以助長命運的旺勢，使好的更好，使壞的不再壞下去。

先天八字命運先有定數而不可改變，後天居住陽宅可變可遷，若有不宜，而懂得陽宅方法，移宮換宿即可趨吉避凶，因此，論宅比論命更有積極作用與實際意義。論命是消極的，論宅是積極的。

第三節 陽宅與陰宅

常言道：「一命、二運、三風水、四積陰德、五讀書。」這是中國人一般對人生得失最後總結。人生得失認定命已先定，時勢造就，陰陽兩宅感應，祖德庇蔭，加上個人勤奮與努力，即造就了人之一生。這般論點，不無幾分道理，試看論命論陰陽兩宅，自古先賢不乏其精闢言論，至今猶為吾人所不能不加以重視與探討。

所謂「風水」是指陽宅與陰宅。陽宅為生人居住生活之建築物體，陰宅為先人骨骸埋葬之墳塚，一為生人食息之所，一為骨骸埋葬之地。陽宅，人生活其中，吉凶禍福關係密切，感應效驗很快。陰宅，因血親關係，造葬得宜，後代子孫受其庇蔭，自然永續不絕。

蔣大鴻曰：「人生最重是陽基，卻與墳墓福力齊，宅氣不寧招禍咎，骨埋真穴責難明。」又曰：「人生禍福之數，陰宅居其半，陽宅居其半，若祖墓不沾凶氣，一遇吉宅輒至顯榮，若住宅正屬衰微，雖有佳城亦難發達，陽宅之不可不重。」又曰：「世重葬經，每輕宅相；……且死者已枯之骨，非歷久而不榮，生人食息之場，隨呼吸而立應，欲求朝悴暮榮之術，須識移宮換宿之奇。」依其言論，陰陽兩宅，其重要性各半，然因陽宅感應快速，而尤重陽宅。

祖墳雖影響後代子孫，也因子孫眾多，若要遷葬，常困難達共識，致阻礙難行；且又因名師難遇，結穴地更難以獲得；既使前因均一一克服，尋得真穴地，若德薄福淺，祖墳穴地很難維持長久而不被破壞，因為台灣發展迅速，常因祖墳前後左右開發而形勢遭破壞，因而招致凶禍。故要維持一個完整祖墳穴地，非常不容易，變數實在太多。反觀陽宅，若能獲得名師指導，「移宮換宿」改變自己住宅，只要自己能力允許，沒有辦不到的，且陽宅的效應比陰宅來得快速。

第四節 陽宅與元運

陽宅之選用，除要了解其坐向，審視周遭形勢外，更要了解陽宅是否得元運或失元運。得元運者昌，失元運者衰。元運是指隨年月日時而流轉於八方九宮之中，以花甲一周為一元，即從甲子年至癸亥年止六十年。元分上中下三元，共計一百八十年，週而復始。每一元又分三數，每數管一星，共九星，每星數為二十年。上元管一二三數，中元管四五六數，下元管七八九數。以洛書之數配八卦紫白，則一白為坎，二黑為坤，三碧為震，四綠為巽，五黃為中，六白為乾，七赤為兌，八白為艮，九紫為離。五中無卦，乃將五數中前十年寄於巽，後十年寄於乾。例如西元一九八四年甲子年起至二〇〇三年癸未年止為下元七赤兌卦管運，又自二〇〇四年甲申年起至二〇二三年癸卯年止，為八白艮卦管運。

堪輿地理學家，流派相當之多，各家各有注重的環節。而重視元運者，以三元家為甚，尤其他認為元運是天機，不可輕洩。因元運即是天運，天運所到之方位，必然會發富發貴，天運消失之方位，必然會衰敗，凶禍旋踵而至。但是真懂元運者，諸如唐朝曾文辿、楊筠松（楊救貧），明末清初蔣大鴻（蔣平階）等，均隱而不說，在其著作中，亦半含半吐。後人即揣摩其意旨，大放其詞，各自成流，眾說紛紜，以致虛擬失真。

揚筠松著「都天寶照經」中說：「天機妙訣本不同，八卦只有一卦通。」八卦，卦卦都好，怎說「只有一卦通」？其意旨是在時間觀點說的，六十甲子分為三個運，每個運管二十年，每個運只有一個卦「通」，這個「通」是指可以使用，可以使用當然就是旺運，堪輿家認為陰陽兩宅，都必須獲得這個卦的旺運才能發富發貴。因此，要以陽宅法則招祥納福，必須要能將旺運迎入宅居中，否則，會讓人誤認陽宅無用，甚至認為迷信。

第五節 陽宅分類

現代陽宅與古代的迥然不同，尤其在都市裡土地昂貴，住宅建築物均往高空發展，十幾二十層高的很多；古代大都是平房，至多也只二三層。因此，現代陽宅變化很大，要將陽宅的理論，應用在現代陽宅建築，非常不容易。一不小心很容易誤用，導致失其準確。陽宅建築體不同，其看法應用均不同，茲將陽宅分類如下：

陽宅以建築基地不同可分為：

一、**城市陽宅**：以大台北地區等的大都會，高樓大廈比鄰，逐層分居，人口密集，車水馬龍的區域。由於此區域，均分層各別居住，甚至於一層中，有數戶分居四方。高低不同，方隅不同，面對之方向，街廓亦不同，差異性相當的大，其對於居住其中的人，當然有不同的感應。

二、平洋陽宅：都會區以外，郊區空曠平坦之地，稀稀落落建造之平房住宅，宅的四周地勢平整而空曠，或有水田，或有水池，或有溝渠羅佈。宅居的分佈，或單戶，或三五戶聚集，四面無阻欄。

三、山崗陽宅：在郊區山地斜坡建造之陽宅，有較老式之三合院，或經建築公司整體開發之社區。建造方式均坐山面空，以取景光視覺，可以遠眺：一般人選擇以能居高臨下者為優先；其實能遠眺之宅，其宅前均為空曠而有斜坡，斜坡的斜度也必然要大，否則就看不出去。

蔣大鴻著「陽宅三格辨」：「我為辨之有三格焉，一曰井邑之宅，二日曠野之宅，三日山谷之宅。」

陽宅以使用不同可分為：

一、住宅陽宅：此種宅居，純粹是人居住生活地方，飲食、休息、讀書、思考、睡覺，一家老小居住之所，關係非常密切，每個人不可或缺的地方。

二、**營業陽宅**：除住家以外，用來做為營業場所，諸如公司行號辦公處所，生意往來接洽地方；也因為生意在此抉擇，關係著經營得失。另種為政府行政的陽宅，首長的政策、部屬執行的績效，與陽宅均發生關係，其影響深遠。

三、**工廠陽宅**：專門用來生產或裝配產品之工作場地，有的兼具辦公行政，有的專為倉儲業務之營業場地，視其業務性質，有各種不同的安置。

第二章　八卦易理

言堪輿者，不外理氣與巒頭，
故言理氣無巒頭不靈，巒頭無理氣不準。
理氣為數與卦，數依河圖與洛書，
卦有先天與後天。
數與卦之配合，則易理在焉，
巒頭形勢因易理而定取捨、辨吉凶。

第一節 河洛理數

看陰陽兩宅，必須應用「理氣」與「巒頭」，兩者互相配合運用，才能產生一定的效果，否則不會應驗。所謂「理氣」即是八卦易理，二十四方位陰陽變化。所謂「巒頭」即是地之形勢，宅前後左右之高低，水流之來去。理氣與巒頭缺一不可，兩者必須兼備，即所謂：「理氣無巒頭不靈，巒頭無理氣不準。」

八卦易理浩瀚艱深，不易理解。為使讀者免予花費時間，閱讀長篇巨牘，在此僅介紹陽宅運用者為限。

河圖

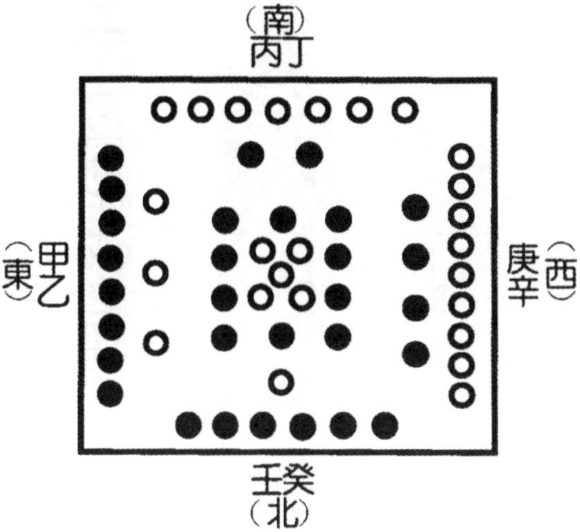

一、河圖之數

河圖者，伏羲氏王天下，龍馬出河，遂則其文，以畫八卦。

周易繫辭傳：「河出圖，洛出書，聖人則之。」

河圖顯示地的五個方位，四與九數在西方，一與六數在北方，三與八數在東方，二與七數在南方，五與十居中央。西方為庚辛屬金，北方為壬癸屬水，東方為甲乙屬木，南方為丙丁屬火，中央為戊己屬土，稱為十個天干。又以奇數代表陽，偶數代表陰，因此有陰陽的分別。四方及中央，每方所配的數，皆為一陰一陽，因為有陰陽的配合，萬物萬事就產生無窮變化。

孔子釋河圖說：「天一、地二、天三、地四、天五、地六、天七、地八、天九、地十。天數五、地數五，五位相得而各有合。天數二十有五，地數三十，凡天地之數五十有五。此所以成變化而行鬼神。」所謂天數地數，即陽數與陰數，一三五七九的和是二十五，二四六八十的和是三十，二十五與三十的總和是五十五，即是陰陽兩數的總和。五位相得而各有合，是指河圖方位，均各以同類而相求，是為五位之相得之意。

二、河圖生成之理

以河圖之數，一二三四五在內層為生數，六七八九十在外層為成數。又因生成之數，同處一方，且均奇偶相聚，即為夫婦之相合，故有其生成之理。

天一生壬水，地六癸成之，在北方水

地二生丁火，天七丙成之，在南方火

天三生甲木，地八乙成之，在東方木

地四生辛金，天九庚成之，在西方金

天五生戊土，地十己成之，在中央土

河圖是順生，由西方金生北方水，北方水生東方木，東方木生南方火，南方火生中央土，中央土生西方金。從西方而北而東而南而中而西，內層一二三四五為生數，外層六七八九十為成數。奇數為陽，偶數為陰，生成奇偶，各相配合，以至變化無窮，神妙莫測。故天地之數為一生一成。

三、洛書之數

洛書者，禹治水時，神龜負文而列於背。有數一至九，禹遂因而第之，以成九類。

洛書載九履一，左三右七，二四為肩，六八為足，五在其中。九數在正南，一數在正北，三數在正東，

洛書

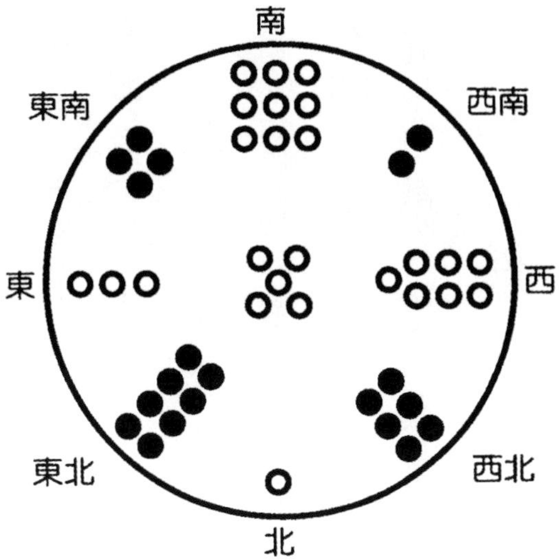

七數在正西，二數在西南，四數在東南，六數在西北，八數在東北，五居中央。洛書之數，一三五七九，單數為陽，二四六八，雙數為陰。陽數統領陰數，各居其所，為數之方位均已定。河圖以五生數統御五成數，同處於一方，為成數之方位未分未定，故河圖未變之初，實為數之體，既變之時，即為數之用。洛書之數，生成奇偶，已各處其方，是數之方位已分定，故體即是用，而用即其體。

洛書之數，配以先天八卦，即九一相對於南北，九為乾天，一為坤地，乾坤天地，相對於南北上下。四六相對於東南、西北，六為艮山，四為兌澤，艮兌山澤，相對於東南、西北。八二相對於東北、西南，八為震雷，二為巽風，震雷巽風，相對於東北、西南。三為離火，七為坎水，離火坎水，相對於東西左右。

四、洛書生成之理

天一生坎水，地六乾成之，在北
地二生坤火，天七兌成之，在西
天三生震木，地八艮成之，在東
地四生巽金，天九離成之，在南
天五生戊土，居中央

洛書是逆剋，由北方之水剋西方之火，西方之火剋南方之金，南方之金剋東方之木，東方之木剋中土，從北方而西而南而東而中。河圖水木火土金各得位，而洛書金火之位相易。一居北方，則九應居南方，三居東方，則七應居西方，二居西南，則八應居東北方，四居東南，則六應居西北方，均以合十自然之數，以自然之數觀察之，其理不得不然也。

第二節 八卦

一、八卦橫圖

依據宋代邵雍與清代江永兩先賢，先後說明聖人畫卦方法。其法首先於右畫一奇，以代表陽，謂之陽儀。左畫一偶，以代表陰，謂之陰儀。是陰陽兩儀，皆由太極生出。然因陽儀中，尚包含有陽與陰，陰儀中，尚包含有陰與陽，即是陽中有陰，陰中有陽之意。於是右陽儀之右上畫一奇以象陽，陽中之陽，謂之「太陽」（即老陽）；陽儀之左上方再畫一偶以象陰，為陽中之陰，謂之「少陰。」另在陰儀之右上畫一奇以象陽，為陰中之陽，謂之「少陽」；

橫圖

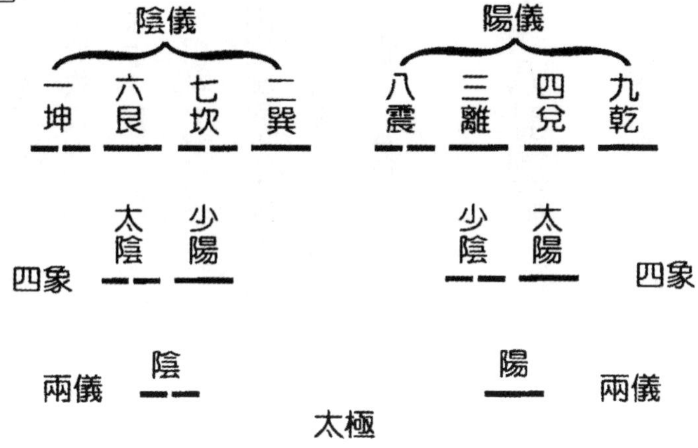

陰儀之左上畫一偶以象陰，為陰中之陰，謂之「太陰」（即老陰）。如此，則太陽、少陰、少陽、太陰稱之為四象，是由兩儀而生出。

有了四象之後，於太陽之右上畫一奇，三畫純陽，以成數最大之九當之，命名乾。太陽之左上畫一偶，偶為陰，以最多之生數四當之，命名為兌。少陰之右上畫一奇，以中畫之偶為主，乃以生數之次少數三當之，命名為離。少陰之左上畫一偶，以下畫之陽為主，乃以成數之次少數八當之，命名為震。因此，乾兌離震四卦，是由陽儀之二象所生出。

少陽之右上方畫一奇，以下畫之偶為主，成為陰卦，以生數之次少數二當之，命名為巽。少陽之左上方畫一偶，以中畫之奇為主，成為陽卦，以成數之次少數七當之，命名為坎。太陰之右上畫一奇，以奇為主，成為陽卦，以成數之最少數六當之，命名為艮。太陰之左上畫一偶，三畫皆陰，成為純陰之卦，以生數之最少數一當之，命名為坤。因此，巽坎艮坤四卦，是由陰儀之二象所生出。橫圖所列，即所謂太極生兩儀，兩儀生四家，四家生八卦。正是一分為二，二分為四，四分為八，出於自然。故說：「乾坤居首尾，是九一相對；次為兌艮，為四六相對；再次為坎離，為三七相對；中為震巽，乃二八相對。以河圖之數觀之，則九四相合為太陽，三八相合為少陰，二七相合為少陽，六一相合為太陰，亦出於自然。」橫圖既成，孔子乃贊之曰：「雷以動之，風以散之，雨以潤之，日以晅之，艮以止之，兌以說之，乾以君之，坤以藏之。」

二、八卦圓圖

橫圖雖然具有無窮之道理，但是不能夠辨別方位，乃不能盡宇宙之情，故從中分判，將陽儀列於上，循序而降，即乾兌離震。陰儀列於下，循序而升，即坤艮坎巽，而使之規成圓

伏羲先天八卦圓圖

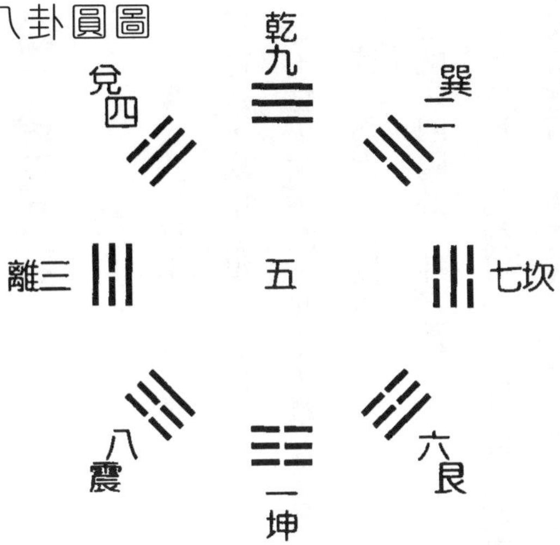

形，以象天地之奠定。

三、先天八卦

圓圖既成，孔子贊之曰：「天地定位，山澤通氣，雷風相薄，水火不相射。」蓋乾坤為天地，居上尊下卑之位而相對；艮兌震巽為山澤雷風，在乾坤之次而相對；次為坎離為水火，居乾坤天地之中，山澤雷風之後而相對。

洛書之數，共八方之位置，早已經分定，不待其變，而與先天八卦圓圖吻合。蓋因九一相對於南北，九為乾為天，一為坤為地，故乾坤天地，相對於南上北下；四六相對於東南與西北，六為艮為山，四為兌為澤，故艮兌山澤，相對於東南、西北；八二相對於東北與西南，八為震為雷，二為巽為風，故震巽雷風，相對於東北、西南；三為離為火，七為坎為水，故離火坎水，相對於東西左右。

四、後天八卦

後天八卦是由先天八卦演變來。洛書八方之位，本即先天八卦之數，乾為父得九，震長男得八，坎中男得七，艮少男得六，此循次遞降之數。坤為母得一，巽長女得二，離中女得三，兌少女得四，此循次遞升之數。而又有漸降漸升之數，乾之數九，減一為八，八為震，八減二為六，六為艮，六減三為三，三為離，三當減四，再加十減之，則仍復得九，此乾震艮離之四陽卦。坤之數一，加一為二，二為巽，二加二為四，四為兌，四加三為七，七為坎，七加四減十仍復得一，此坤巽兌坎之四陰卦。離本陰卦，何以變陽？坎本陽卦，何以變陰？因為陰陽互為其根，水火互藏其宅，先天之乾為後天之離，先天之離為後天之震，乾震既皆為陽，則離不得不變為陽，而漸降之數，亦自然相從。則坎不得不變為陰，故漸升之數，亦

文王後天八卦圓圖

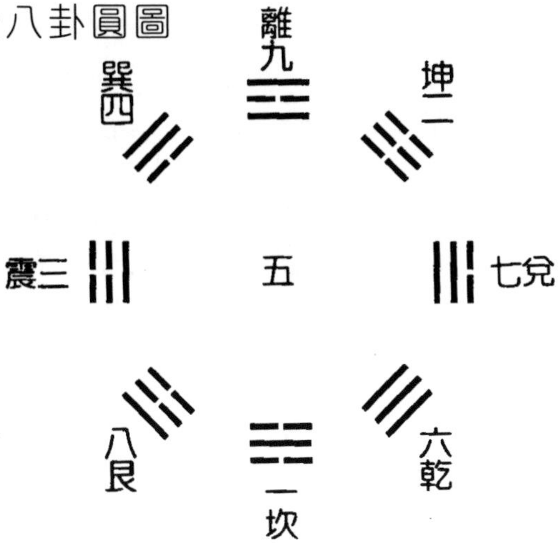

自然從之。既有循次升降之數，又有漸升漸降之數，又能變坎離之陰陽，先天演變為後天，即由此而定。

先天變後天，每推移一位，以四陰卦而言，坤從右升，往而居巽，則坤居西南；巽往而居兌，則巽居東南；兌往而居坎，則兌居西方；坎往而居坤，則次居北方，此四陰卦，正如其序，以其次第而推移。以四陽卦而言，易其震艮之序，乾從左降，往而居艮，則乾居西北：震往而居離，則震居東方；離往而居乾，則離居南方，此四陽卦，易其震艮之依次而推移。

先天卦變後天卦，其卦之陰陽各有不同，而連其方位也大不相同。先天之陰陽，自兩儀所衍生的，凡陽儀之卦，皆屬陽。陰儀之卦皆屬陰，端看其初爻何屬而定陰陽。後天卦乃成卦以後，端視其爻畫何屬而定陰陽。

後天八卦凡三畫純陰或者一陰者，皆為陰卦。三畫純陽，或一陽者，皆為陽卦。例如離卦為火，火必因附於木而明，而離卦畫，一陰附於兩陽之中，所以薪柴燒盡而火自滅，故屬陰。坎卦之為水，因坎卦畫，一陽在中，兩陰在上下，陽既是熱，熱既是火，熱氣受到上下陰氣之包圍，所以鬱抑而成雨水，用以滋潤萬物，故屬於陽。

然而先天之離兌屬陽，是因兌為澤，澤為積水潮濕之所，是為陽氣所驅使，故屬陽。離是為火，而火炎表光明，其象故屬陽。坎之為陰，其象幽暗寒肅，所以屬陰，此皆因為先天陰陽之體象，實際上卻與後天互為因果。

至於方位變換，也屬於陰陽互根之關係，如先天之乾，乃是天體之正象，變為後天之後火歸於南方，南方是火盛之地，蓋因天也是火。先天之坤，為後天之坎，乃因水土同根之理，土本由於水受高熱而凝成者，所以先後天之方仍互為根源，先後天卦能互通，其理乃出於此。先天為宇宙萬物之體象，後天為宇宙萬物之入用。故易曰：「帝出乎震，齊乎巽，相見乎離，致役乎坤，說言乎兌，戰乎乾，勞乎坎，成言乎艮。」

五、納甲之理

納甲之法緣由：

乾納甲屬金，每月十五六望，月全明，三陽俱足，象乾卦，戌時在甲。坤納乙屬土，每月三十日初一晦，月全黑，三陰全備，象坤卦，卯時在乙。艮納丙屬土，每月廿四、五之月，二陰下，一陽上，象艮卦，卯時在丙。巽納辛屬木，每月十八、九之月，一陰下，二陽上，象巽卦，卯時在辛。震納庚亥未屬木，每月初三、四之月，一陽下，二陰上，象震卦，戌時在庚。兌納丁巳丑屬金，每月初八、九之月，二陽下，一陰上，象兌卦，戌時在丁。離納壬寅戌屬火，離為太陽，無消無滅，至尊之卦，施光於月，以變運前六卦者，中爻居陰，故納己，羅經無己土位，後天居正南乾位，遂以乾所納之外卦，天干壬水納於離。

坎納癸申辰屬水，坎為太陰，為月之本體，前半月消震兌乾三卦，自無生而為有，後半月減巽艮坤三卦，自有消而為無，皆坎為之，中爻居陽，故納戊，羅經無戊土位，後天居正北坤位，遂以坤所納之外卦，天干癸水納於坎。

六、淨陰淨陽

河圖之理數，奇數一三五七九為陽，成卦以後配合先天卦位，一為坤，三為離，七為坎，九為乾，此四卦皆屬陽。坤既為陽，乙納於坤，則乙亦為陽。離既為陽，壬納於離，則壬亦為陽，因離即午，午與寅戌相會合，故寅戌皆為陽。坎既為陽，癸納於坎，則癸亦為陽，坎即子，子與申辰相會合，故申辰皆為陽。

河圖之理數，偶數二四六八十為陰，成卦以後配合先天卦位，二為巽，四為兌，六為艮，八為震，故此四卦皆屬陰。巽既為陰，辛納於巽，則辛亦屬陰，艮既為陰，丙納於艮，則丙亦屬陰。震既為陰，庚納於震，則庚亦屬於陰，震即是卯，卯與亥未相會合，則亥未亦屬於陰。五十居中。

洛書之理數也以一三五七九奇數屬陽，配合先天之卦，一為坤，九為乾，七為坎，三為離。即乾坤天地定位，坎離水火不相射。二四六八偶數屬陰，配合先天之卦，二為巽，八為震，四為兌，六為艮，即震巽雷風相薄，艮兌山澤通氣。河圖之數的陰陽與洛書之數的陰陽，互相符合，配合先天卦以後，數與卦之陰陽也符合。故知陰陽之永恆不變者即數也。茲因陰陽之變化固然是無窮，可以隨時而變，可以隨物而變，可以隨形象而變，也可以隨動靜而變，然其不變者，唯有數而已。所以以因陰陽變化莫測之山水，自當以不變之數而定其陰陽，即所謂「以不變應萬變。」否則，陰陽莫辨，禍福以何為憑據？

先天卦配合河圖與洛書之數，是其卦之陰陽，不僅相吻合，再與輔星翻卦之陰陽者亦相合。輔星翻卦法所定出之四吉星，即貪狼、武曲、巨門、輔弼之卦位亦均淨陰或淨陽。如以奇數一、三、七、九之卦坤離坎乾四陽卦，起輔之四吉星，均落於坤離坎乾卦位。另以偶數二、四、六、八之卦巽兌艮震四陰卦，起輔之四吉星，亦落於巽兌艮震卦位。故先天卦之陰陽與輔星翻卦之陰陽亦相符合。

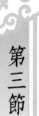

第三節 五行與天干地支

一、五行

五行即是水火木金土之流行，其方位實際出於天星，而且與河圖之理數相符合。曲禮曰：「行前朱鳥，而後玄武，左青龍，而右白虎。」宅之正前叫朱鳥（或朱雀），正後叫玄武，左邊叫青龍，右邊叫白虎，是以星宿之名而言地之方位。然而古人又將萬物分別為水火木金土五大類，分佈於河圖之五方中，即北方之一六為水，南方之二七為火，東方之三八為木，西方之四九為金，中央之五十為土。河圖一六為生數成數之開始，一六在北，北方為水，是因五行中先有水，而後再有木金土。配成卦之後，坤在一，艮在六，然坤艮皆為土，即因宇宙之開始，物質先呈液體之水狀態，由靜而後動，動產生熱能，熱即是火。原始液體中，含有木金土各種元素，故質輕清之水，受高熱化而變為氣體，重濁之各種元素，則凝結成質，成為各種之星球。氣體遇到冷，又變為水，故土從水而化，因一六共一太陰，成卦則為坤艮之土。

不獨宇宙由來是如此，動物植物也因從一滴精水，受溫暖之氣，凝結成質成體，所以河圖生成之數，皆始於北方之水，卦出於圖，故五行之義，也出於河圖。因此孔子謂：「以通神明之德，以類萬物之情。」一六皆始於北水，二七始於南火，一二皆生數，水火既成為宇宙之原始，故孔子又謂：「水火既濟」，「水火不射」，木金土五行即因相生而成，水生木，木生火，火生土，土生金，金生水，循環不已。五行有相生之理，也有相剋之制，木能剋土，土剋水，水剋火，火剋金，金剋木，木剋土。

河圖八干四維十二地支二十四方位圖

二、天干地支

天干為甲乙丙丁戊己庚辛壬癸共有十個，地支為子丑寅卯辰巳午未申酉戌亥共十二個，即所謂十天干十二地支，乃配有四維乾坤艮巽，天干戊己居中央，而配成八卦二十四方位。

河圖含有八干，一為壬水，六為癸水，三甲木，八為乙木，二為丁火，七為丙火，四為辛金，九為庚金。奇數為陽，偶數為陰，各以同數之陰陽奇偶，分居於東西南北之四正卦位，壬癸居坎卦，甲乙居震卦，丙丁居離卦，庚辛居兌卦。既有四正卦，則必有四偶卦，故乾巽坤艮居之四維。八干及四維，得十二位。然而地支亦有十二位亦隱含其中，含干維地支而分其位，子午卯酉即坎離震兌，壬癸夾子，則壬之前有亥，癸之後有丑，甲乙夾卯，則甲之前有寅，乙之後有辰。

丙丁夾午，則丙之前有巳，丁之後有未。庚辛夾酉，則庚之前有申，辛之後有戌。戌亥夾乾，丑寅夾艮，辰巳夾巽，未申夾坤，是謂二十四向，是用來定山立向，有如天之二十四節氣，人之有二十四經脈，自然之理。甲卯乙共一震卦，辰巽巳共一巽卦，丙午丁共一離卦，未坤申共一坤卦，庚酉辛共一兌卦，戌乾亥共一乾卦，壬子癸共一坎卦，是為一卦統三向，以洛書八方之位配之，是洛書有二十四向之理。以河圖四象之數位應八干之陰陽，而後補以四維、十二地支即為二十四山向。

清朝江氏永曰：「壬水生申旺子而墓辰，辛金生子旺申而墓辰，則辛壬之氣相通矣。甲木生亥旺卯而墓未，癸水生卯旺亥而墓未，則癸甲之氣通矣。丙火生寅旺午而墓戌，乙木生午旺寅而墓戌，則乙丙之氣通矣。庚金生巳旺酉而墓丑，丁火生酉旺巳而墓丑，則丁庚之氣通矣。是為生旺互用，元竅相通，先天自然之配合，四大水口，四黃泉，皆由此出焉。」由此，寅申巳亥為四生地，辰戌丑未為四墓庫，隔四相生之理也。

河圖十干又有化合之理，各以本干起子，從辰而化。甲己起甲子，順數至辰，得戊辰，戊為土，故甲己化土。乙庚起丙子，順數至辰，得庚辰，庚為金，故乙庚化金。丙辛起戊子，順數辰，得壬辰，壬為水，故丙辛化水。丁壬起庚子，順數至辰，得甲辰，甲為木，故丁壬化木，戊癸起壬子，順數至辰，得丙辰，丙為火，故戊癸化火，其所以從辰之天干而化者，因辰屬龍，龍喜變之故，所以逢辰則化。

甲己化土
乙庚化金
丙辛化水
丁壬化木
戊癸化火

十二地支亦有化合之理：天星卦序謂：「大寒天帝在丑，太陽臨子，交會於子丑之間，故子與丑合。萬物成終成始。易曰：『成言乎艮』。雨水天帝到寅，太陽在亥，寅亥交會，故寅與亥合。丑寅輔艮，東北之卦也。春分天帝臨卯，太陽在戌，故卯與戌合。卯戌交會，甲乙輔震，正春之令也，萬物發生，易曰：『帝出乎震』。穀雨天帝在辰，太陽到酉，故辰與酉合，辰酉交易，萬物潔齊，易曰：『齊手巽』。小滿天帝到巳，太陽在申，故巳與申合。申巳交會，辰巳輔巽，東南之卦也。夏至天帝到午，太陽臨未，故午與未合。午未交會，丙丁輔離，正夏之令也，萬物皆茂。易曰：『相見乎離』。大暑天帝在未，太陽居午，午未交會，萬物致養。易曰：『致役乎坤』。處暑天帝到申，太陽巳，申巳交會，申未輔坤，西南之卦也。秋分天帝到酉，太陽在辰，酉辰交會，庚辛輔兌，正秋之令，萬物悅成。易曰：『悅言乎兌』。霜降天帝到戌，太陽居卯，戌卯交會，陰陽相薄。易曰：『戰乎乾』。小雪天帝在亥，太陽在寅，亥寅交會，戌亥輔乾，西北之卦也。冬至天帝回歸北極，入於恆，太陽覆命告功，壬癸輔子，正冬之會也，萬物歸藏。易曰：『勞乎坎……』。」

古人所言之「天帝」者是指地球也，易曰：「帝出乎震」，謂地球運行至東方震卦之時，其時天下皆春，而春為歲序之始，故有以下之齊乎巽，相見乎離……等等，此皆言地球運轉之位置。所謂「太陽」者，指時間季節，因地球運行之位置，而與太陽發生差距，故有致成春夏秋冬之季節。

子與丑合　　辰與酉合

寅與亥合　　巳與申合

卯與戌合　　午與未合

第四節

二十八星宿

中國隋朝，有名隱士丹元子，著「步天星歌」，有七卷。將周天最明亮之星，分為三垣二十八宿，及五帝軒轅北斗，而以諸星座附之。其所謂三垣者，謂太微、紫微、天市。上垣為太微，計有主星十，位於北斗之南，軫翼二星之北，即羅盤之丙方。紫微為三垣之中宿，主星有十五、以北極為中樞，東西列成屏藩之狀，即羅盤之亥方。天市為三垣之下垣，共二十二主星，合三垣之主星，而為四十七星座，位在羅盤之艮方。

古代之星宿，除太微、紫微、天市諸垣星外，復以周天滿星分為四組，把守天關。東方為青龍七宿，西方白虎七宿，南方朱雀七宿，北方玄武七宿。各方每一宿所組成之星體多寡不一，有二星相連者，有多至二十二星相連者，各有所司，各有所主。若以羅盤二十四方位較之，二十四宮之星宿，多寡不一，星體之光度不一，星體之性能不一，星佈之所屬五行不一，故所生之感應，亦隨之而變化，而其與地理之形勢配合，產生不同之吉凶禍福。

一、東方青龍七宿

角宿為首，位於羅經人盤之巽宮，主造化萬物，布君威信，其星明火，則貴人出，天下安泰。

亢宿第二，位於羅經人盤之辰宮，主疾疫，其星明則士庶樂業，無疾疫之苦。

氐宿第三，位於羅經人盤之乙宮，納於坤，主妒妃妾眷，其星明，則天下棉花熟。若不能得乾甲之應，而會成天地定位者，則女多男少，或男多夭折，女則長壽。

房宿第四，位於羅經人盤之卯乙之宮，主車駕武備之事，又主大將之位，掌管兵權，號令三軍，其星明則天下盛世。

心宿第五，位羅經人盤卯甲之間，主文章之府，亦為宰相之宮，其星明則文明極盛。

尾宿第六，位於羅經人盤之甲宮，納於乾，主大富大貴，融合天地定位，則富貴而多子多孫。

箕宿第七，位於羅經之寅宮，為後宮之府，口舌之神主口舌，若舌端之星光閃動，則大風不出三日即應，若星色赤，則主大旱不雨，其星明大，則五穀豐收。

二、西方白虎七宿

奎宿為首，位於羅經人盤之乾宮，為文章之府，亦為天子之武庫，主兵權，故曰：「戰乎乾。」乾為八卦之首，為天為父為龍，天地萬物亦以乾為首，三陽開泰，萬物資始。

婁宿第二，位於羅經人盤之戌宮，主興兵會眾，又主合聚文墨之事，其星明則於禮義興，文人治世，天下豐收。

胃宿第三，位於羅經人盤之辛宮，為天倉，為藏五穀之倉。亦主文章之府，又主圖書之府，其星明大，則文名極盛，賢人出，五穀盈倉。

昴宿第四，住於羅經人盤之酉宮，主獄事，又主口舌奏對，其星明則獄訟平息，囹圄虛空，無佞臣，天下安泰。

畢宿第五，位於羅經人盤之酉庚之間，主邊兵，主戈獵。其星不喜明大。

觜宿第六，住於羅經人盤之庚宮，主三軍之令，為行軍之藏府，又主葆旅收斂萬物。此星明則五穀豐熟，軍儲充盈，邊將得勢。若明而動，則主賊盜成群，流寇四起。若明而赤，主兵多將勇。

參佰第七，位於羅經人盤之庚申之間，掌管權衡文簿及大小官員將相。其星明則風調雨順，五穀豐收，文明昌盛。

三、南方朱雀七宿

井宿為首，位於羅經人盤之坤宮，謂為天之南門，主諸侯帝戚三公之位，坤三畫皆陰，為萬物滋生，乾三畫皆陽，萬物資始，天綱地紀，生成不息。

鬼宿第二，位於羅經人盤之未宮，管天下士子之陰德，明察奸謀，天之眼目，又主祠祀，主疾病死亡。

柳宿第三，位於羅經人盤之丁宮，天廚之位，主人壽福，主御膳飲食，又主雷雨工匠，其星明則人壽年豐，酒食昇平。

星宿第四，位於羅經人盤之丁宮，朱雀文明之粹，羽儀之所，主衣裳紋繡，又主盜賊。其星明則天下大豐年。

張宿第五，位於羅經人盤之午宮，主珠寶金玉及宇宙所用之物，天子內宮衣服收藏貢物之庫，又主廚事，飲食之類。

翼宿第六，位於羅經人盤之丙宮，主三公化道文籍及蠻夷遠客，又曰赦文。凡墓穴陽宅得丙丁合局者，為赦文水或門路，主家無凶禍，犯罪即赦，訟必利。

軫宿第七，位於羅經人盤之巳宮，主察殃害之事，又主車騎運載之事，為盜寇征伐，亦主風雨，其星明則天下安康，風調雨順，賢人疊出。

四、北方玄武七宿

斗宿為首，亦稱北斗，位於羅經人盤之艮宮，陽樞為天市垣其中最明之星，主市貨之府，亦為丞相太宰酌量政事之所，其星明則天下安泰。

牛宿第二，位於羅經人盤之丑宮，為天之關梁，主犧牲之事，其星明，則天下安，牛馬廣，不明則牛馬瘟疫。

女宿第三，位於羅經人盤之丑癸之宮，為天之少府，主管書機布帛裁製嫁娶等事。其星明則文士現，五穀豐收，女士昌盛，府庫充盈。

虛宿第四，位於羅經人盤之癸子間，主北方城邑廟堂祭祀之事，又主風雲死喪哭泣，其星明大，則天下安樂。

危宿第五，位於羅經人盤之子宮，主架屋避藏風雨，及墓墳祠禮之事，其位臨於一白，九紫對照，八白六白居左右，兩相輔佐，為天地始終之宮。

室宿第六，位於羅經人盤之壬宮，為軍糧之府，主土工之事，其星明則國運昌隆，文明四海。

壁宿第七，位於羅經人盤之亥宮，為文章圖書之秘府，又為土木之事，其星明則主圖書集，道術行，小人退君子進。

以上各星宿，各有所主亦各有所司，地球因運行不息，二十四方位乃各星宿必經之宮道，因此，二十八宿配羅經二十四方向，每宿皆有五行之分，而在羅經上之人盤二十四方向所屬之五行，與河圖洛書八卦以及干支之五行，均不相同。

二十八星宿之五行，由江氏永著「阿洛精蘊」中有二十八宿屬七曜說：「二十八宿之屬七曜，以角木為首，四方之宿以木金土居前，火水居後，日月居中。從來地理家，演禽家，祿命家，未有能言其故者，今發明之。二十八宿者，四其七者。是因七政之高下次第，而以宿配之，一宿值一日也，每一日分為二十四分，二十四分者，二十四小時也，東方蒼龍七宿以角為首，故角屬木，自上而下第二曜也，每小時歷一曜，三七二十一至土，二十二至木，二十三至火，二十四至日，則一日周偏，次日是亢值日，至金，故亢屬金。木火日金隔四曜，後皆隔四曜數之，次土、次日、次月、次火、次水，而復于木也。中國有甲子、而不知以宿值日，西國唯以宿值日，不知有甲子，後來中西合一，故今曆亦有宿值日之法。西人謂開闢之初一日為角宿也。地理家以二十八宿分諸人盤之二十四向。故

乾坤艮巽屬四木
辰戌丑未屬四金
乙辛丁癸屬四土
子午卯酉屬君相火
甲庚丙壬屬四火
寅申巳亥屬四水

向止二十四，是子午卯酉兼得四日四月也。月本是水之精，而以為相火，亦有至理。先天離為日，坎為水，坎之數七，七本河圖之火，故月為相火也。」

二十八宿分列羅經二十四方位，其所言之五行，應以羅經上人盤之二十四方位，有別於地盤二十四方位。所謂人盤是羅經上第二層二十四方位而言，為堪輿家用來作為消砂，分辨生旺奴煞洩，知其本身方向坐度與其相對之關係，了然吉凶禍福。二十八星宿五行，相陽宅者亦不可不知曉。故有二十八宿居人盤二十四山方位歌：

子午卯酉太陽火，甲庚丙壬太陰火，
乾坤艮巽屬木，乙辛丁癸便屬土，

辰戌丑未即是金，寅申巳亥屬水火，
此是撥砂真妙訣，見砂分金把度坐。

「寅申巳亥屬水火。」辜託長老指羅經寅宮之右為尾火虎，左為箕水豹。申之右為嘴火猴，左參水猿。巳之右為翼火蛇，左為軫水蚓。亥之右為室火豬，左為壁水貐。此四宿皆右火左水也。

二十八宿居人盤二十四方位，在陰宅是用來撥砂，例如坐辛山乙向墓，在甲方有尖峰高起，依二十八宿五行，甲為火，坐辛出乙向為土，甲火生辛土，為之生砂，其餘類推。陽宅前方之高峰、高樓、尖塔，亦應按此五行消納。例如宅坐癸向丁，癸丁五行屬土，左前方之丙有尖塔，丙五行屬火，丙火生丁土，尖塔在生方，對宅甚為吉利，依二十八宿之宿度，丙為翼宿所立，翼主赦文，該宅之人，永無官司，若犯罪者必可獲赦放，與人爭訟，終必勝訴。又如宅立卯向酉，右前方之乾有高樓，乾之五行為木，卯酉之五行為火，乾方之高樓屬木來生宅之卯酉火，亦為生方高樓，可作為生我之用，謂之生砂。

第五節　二十四方位與天地人三元

河圖八干併四維與十二地支，分佈八卦二十四個方位，配合洛書之數，所成之後天八卦，每卦分為三個方位，即北方坎卦之壬子癸，東北方艮卦丑艮寅，東方震卦之甲卯乙，東南方巽卦之辰巽巳，南方離卦之丙午丁，西南方坤卦之未坤申，西方兌卦之庚酉辛，西北方乾卦戌乾亥。

每卦中所分之三方位，除有其納甲三會合之理外，亦有其陰陽之不同。然最為人所不知而關係重大，即是其彼此之間歸納。子午卯酉居卦之四正，數為一三七九，為四正陽，故曰父。有陽必要有陰配，乾坤艮巽居卦之四隅，數為二四六八，為四隅陰，故曰母。故子午卯酉配乾坤艮巽，為天元宮，稱為父母卦，此謂父母者，得卦之中氣，故經曰：「南北八神共一卦。」

蓋所言父母者，能兼左右子女。乙辛丁癸乃居子午卯酉順時鐘方位謂之順子。父子有骨肉之親，故能與父母同行，子癸午丁，卯乙酉辛一路同，故經曰：「八神四個二」者，即此義。甲庚丙壬為子午卯酉之逆子，即外來之子，乃是女兒之夫、別姓之子，不與父母同行，亦不能流通他卦，一卦只管一卦之事，故經曰：「八神四個一」者即指逆子也。辰戌丑未乃是甲庚丙壬之妻，乾坤艮巽之女，母女有相顧之情，辰戌丑未配合甲庚丙壬是為地元龍，為江東卦。寅申巳亥者為乙辛丁癸之妻，別姓之女，乃為乾坤艮巽之媳婦也，不與乾坤艮巽同，故經曰：「寅申巳亥騎龍走」，只能單獨而行。乙辛丁癸配寅申巳亥為人元宮，為江西卦。

天地人三元，此三卦為主向需單用或兼用之密訣。如乙辛丁癸與辰戌丑未相兼，為縱橫相雜，又為隔宮差錯，其謂大差錯，犯了必主絕。又如寅申巳亥與甲庚丙壬相兼，為隔宮差錯，如犯之亦主絕，縱然能得運，雖能享有瞬息之榮華，久之亦必然要絕。亦有一宮之中犯差錯者，如甲庚丙壬兼子午卯酉，如犯之主房分不均，長房這一家會出逆悖之子，亦不可不慎重。所以定向立局，必須辨明三卦，不可夾雜為要。

第六節 先後天相見

先天卦乾卦居正南，其數九；坤卦居正北，其數一；坎卦居正西，其數七；離卦居正東，其數三；兌卦居東南，其數四；巽卦居西南，其數二；震卦居東北，其數八；艮卦居西北，其數六，此為先天卦數。後天卦乾卦居西北，坤卦居西南，坎卦居北；離卦居南，兌卦居西，巽卦居東南，震卦居東，艮卦居東北，乃配以洛書之數，即成為後天卦數。由先天卦變為後天卦之關係，可知先天乾卦即是後天離位，乾與離相見；先天坤卦即是後天坎位，坤與坎相見；先天兌卦即是後天巽位，兌巽相見；先天巽卦即是後天坤位，巽與坤相見；先天坎卦即是後天兌位，坎與兌相見；先天離卦即是後天震位，離與震相見；先天震卦即是後天艮位，震與艮相見；先天艮卦即是後天乾位，艮與乾相見。所謂相見即互為根源，有互通之義。

第三章

陽宅外勢

易理雖言分辨取捨巒頭形勢，

唯易理以巒頭形勢是賴，無形勢而易理即無以顯其神威。

形勢有內外之分，陽宅之外勢必須與內勢配合得宜。

吉門慎防惡路，吉路應深抵門關。

前章言及巒頭，指陽宅的內外形勢而言。

陽宅外勢是指陽宅基地四周圍的形勢。宅基四周有的平坦方整，沒有阻擋，開闊向陽。有的後有山，前有溪谷。有的溪水環繞，池塘映輝。有的左右傾斜，前高後低。有的花草茂盛，高樹蓋屋。有的馬路沖射，堂水斜飛。有的飛簷走獸，廟堂相對。有的高樓壓逼，迴風反氣。有的嶠星遙對，吊煞入宅。不一而足，情勢各不相同。

宅基外的形勢，不管再複雜，稀奇古怪，總離不了對它的影響。宅外的形勢美與惡，對於宅居有其絕對的影響。形勢美其影響則吉，形勢惡其影響則凶。外勢能牽動內勢的變化，所以論宅不僅要論內勢，更要論外勢，內勢外勢互為表裡，互相呼應，兩者兼備，才為完整。

第一節 宅與基地配合

建蓋陽宅，立向開門除要合乎八卦理氣之外，還要與基地的四周形勢配合。如山崗的陽宅，一般都會依山的走向，背靠山，面向山谷而建立，此種住宅最需要宅前有個庭院，避免人立於宅前大門，一看就是個大斜坡，或者是山谷，此宅之前，最忌沒有明堂，因為怕宅前之水往外直瀉無關欄。另外更要注意山谷的凹風，從宅的哪一方向吹過來。山谷的凹風是一股強大的力量，影響宅居相當大。不當的凹風，連埋地下的棺木屍骨，都會令其翻棺覆屍，力量之大相當驚人。

平洋鄉間的陽宅，常有溝渠交錯，溪水彎抱或橫過。池塘水光粼粼，精光照宅。田間倉板水，層層朝來。像這樣平敞開闊的地方，最適合建宅居住。只要認清水的流勢，或者水光的方位，依水立宅以收之，或開門路以引之，沒有不發富的。

城市裡的陽宅，雖都向高空建宅居住，有時也會有如山谷凹風情況。像設計品字排列的大樓，品字的中間棟，左右各有大樓，形成凹型，中間棟受凹型的影響，受風最強，收納氣較他棟專一，宅向如能遇旺運，則比其他棟得福較重。

宅外的形勢，對納氣有增強與減弱的作用，知能善用其形勢，吉者愈吉，不能善用形勢，凶者愈凶。例如陽宅前方，遇有高樓、高峰、尖塔都必須謹慎為之。因為高起之物，對宅門口收納氣有絕對影響，要依二十八宿五行消納撥砂。又如宅前有屋角屋簷如獸頭形狀，向宅沖射，諸如廟宇、台北國父紀念館、中正紀念堂兩廳的飛簷走獸，比高樓尖塔影響為重，尤其從宅之八煞方射過來，此種惡形之外勢，對宅之凶禍尤重。陽宅特別要規避這種特殊形勢。

第二節　宅與水

堪輿學家對於水的界定，有兩種涵義，一種是實質的水：海水、河水、溪水、池塘水、溝渠水、田間水等都是看得見的水。另一種是看不見的形勢水，只有高低形勢，平時看不見水。如馬路街道向宅內傾斜，宅前低，遠方高；或者向外傾斜，宅前高，遠方低。因高低形勢所形成看不見的形勢水，也是水的一種。雖說看不見，遇下雨時，雨水隨高低，由高往低處流，仍然可見，所以形勢水也視為水。論水，看得見的實質水，看不見的形勢水，都與陽宅有直接關係。

水沒有固定的形體，係因地形而有各種不同的形狀，例如河溪湍急，水是動的狀態：如湖水池水，形勢平看起來水是靜止的狀態。形勢水也因地勢平或陡，而論靜與動。水性屬動，所以貴在於靜。宅前的水要靜不宜動，水靜要平如紙，且要清澈。湖水、池水是為靜水。動的水，要取其河溪渠道彎曲、或環抱，才能減低水流速度，使之趨緩，始稱為美。依此，形勢水若坡度太陡，也要使之彎繞，避免直沖或直瀉。

在山區裡的陽宅，最怕面對著瀑布水，山谷裡潺潺的流水聲也宜避免。瀑布水對面照，有如潑面，世稱為潑面水，因水急直落而不吉。山谷流水聲，日夜不停，其聲有如哀啕者，暗損財。

實質水與形勢水，對陽宅而言，有其一定的方位，不可以一概而論，並不是有水就好。除了要注意前述各種形態水之外，更要注意處在宅的哪個方位，站在宅前用盤經察看水落在何方位上，合乎八卦理氣及元運，才稱得上精光照宅，否則，徒有水反受其害。俗語：「水可載舟，亦可覆舟。」同樣道理，水可以精光反照，也可以令人消耗敗絕。其訣竅總在易理，在元運。（應用方法容在陽宅理氣篇詳述）

唐楊筠松曰：「富貴貧賤在水神，水是山家血脈精，山靜水動晝夜定，水主財祿山人丁。」水對於陰陽兩宅主財祿，要富與貴，必須謹慎處理。

第三節　宅與馬路

陽宅外勢，除四周的地勢高低要配合外，另一個重要課題，就是住宅所面臨的馬路街道。馬路雖不像溪水或池塘，可見其水光，不過馬路上奔馳的汽車，人來人往，就有如流動的水一般，尤其下雨的雨水，皆因馬路的高低而導致其流動的方向，正是財來財去的主因。馬路是另一種形式的水，應該特別重視。

馬路街道與住宅，有各種不同形勢的關係。最常見的是，依馬路兩旁而建的住宅，宅向大部分與馬路平行，沒有選擇的餘地。居於一樓者，要注意其宅內地板高度，與路面的高度，不可落差太大，太大犯了宅之前堂水直瀉的毛病，有如水向外流出，財不但不入，反而向外出去。

有一種是馬路直沖住宅，即是丁字路口的宅居，世人最忌怕，認為路沖如虎口會吃人。另一種是在宅前的左前方斜沖過來，或者從右前方斜沖過來，這樣的路沖，世人也有忌諱，一般都會把門改位以避之。還有一種最特殊的，是圓環四周的住宅，由於汽車在環內逆時鐘方向行走，帶動的氣即往圓環外四周反射，環外的住宅，變成在弓外，收了所謂「反弓氣」，這樣的住宅確實不好處理。

台北市最典型的是，位於敦化南路與仁愛路上的圓環（世界第二大），四周的陽宅，就因收了「反弓氣」的關係，像原來財神酒店，不但曾倒閉關門很久，還被剝皮，外牆被剝得光光的，現在改建為台新金控大樓。萬成通商大樓，黑色那棟，也曾靠在敦化南路邊，全棟卻多時無人使用，空著許久，現在潤泰集團重新改建。遠東百貨大樓那棟的生意也不怎麼樣，遠東百貨也已搬遷，其右旁邊那棟原來是菲律賓大使館，也曾是外交部人員訓練所現已重建大樓。不便一一明說，親自去審視就知道其情況了。反弓的馬路有如反弓水，確實對於陽宅非常不吉利。

宅與馬路各種形勢，以圖示之。（圖一～五）

陽宅前的路沖，在形勢外觀上，世人都覺得不是個吉宅，心裡總覺得有如芒刺在背，不能安心。其實路沖住宅，並不是個個都不好。首先要了解宅向，路沖在何方位上，是單清過來？或是陰陽夾雜過來？與宅向有無配合，如與宅配合得乎八卦理氣，定會相安無事。若能巧遇到來方是天心正運的方位，不但不忌沖，反而喜沖之，愈沖愈吉。最怕的是來方陰陽混雜，又與宅向不能配合，如不幸犯八煞之類的，那才真是凶宅，愈沖當然愈凶，為何不避？當然要避。

圖一・宅路平行

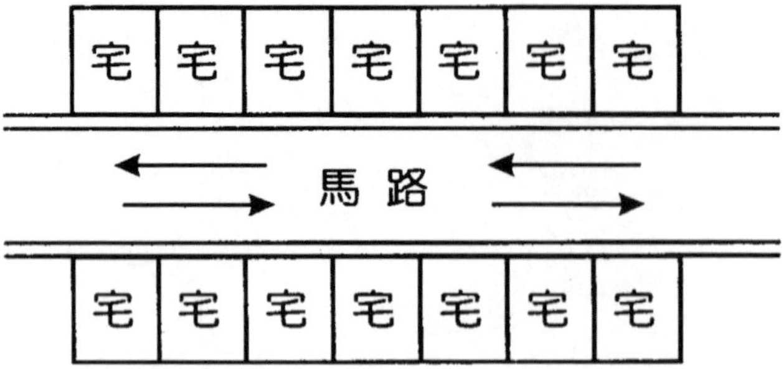

圖二・丁字路沖

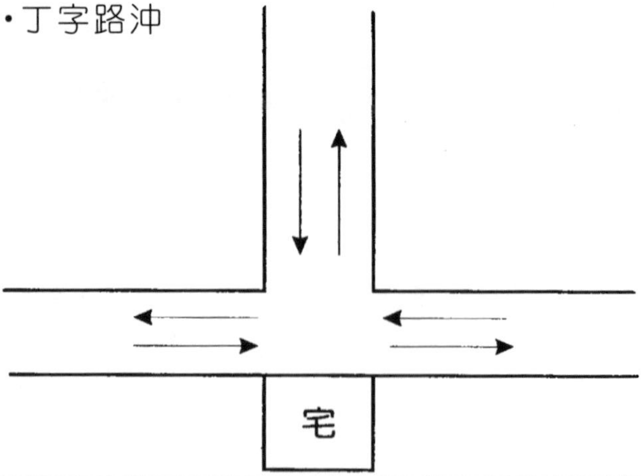

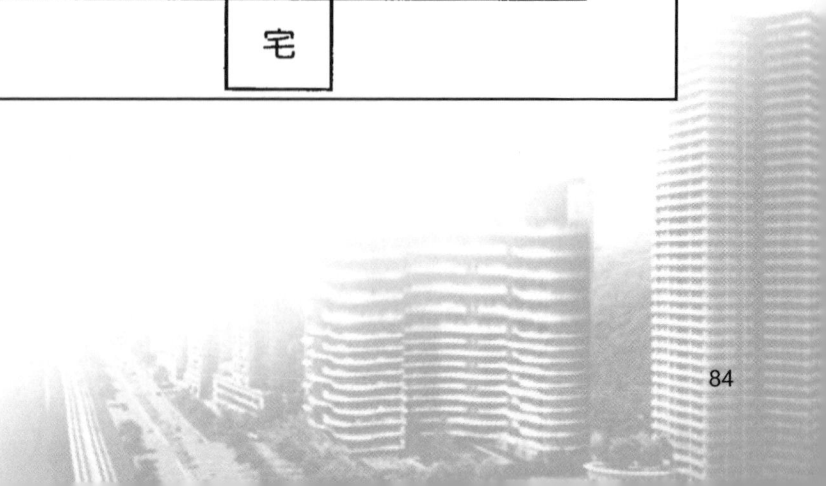

圖三‧左前方沖

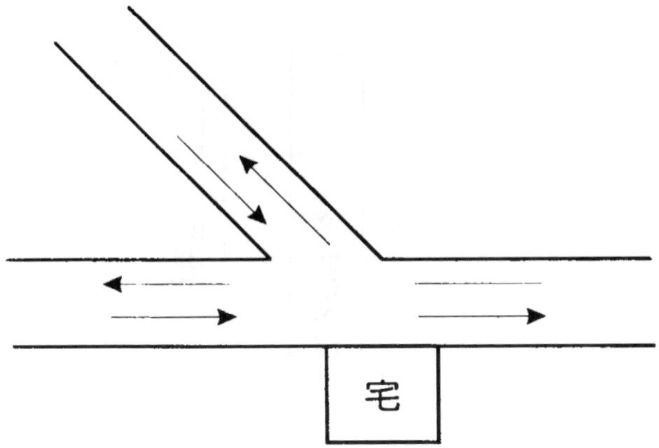

圖四‧右前方沖

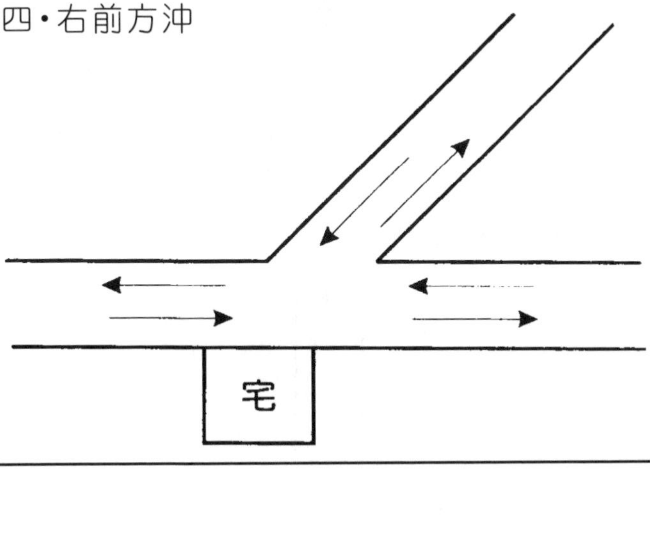

圖五・圓環

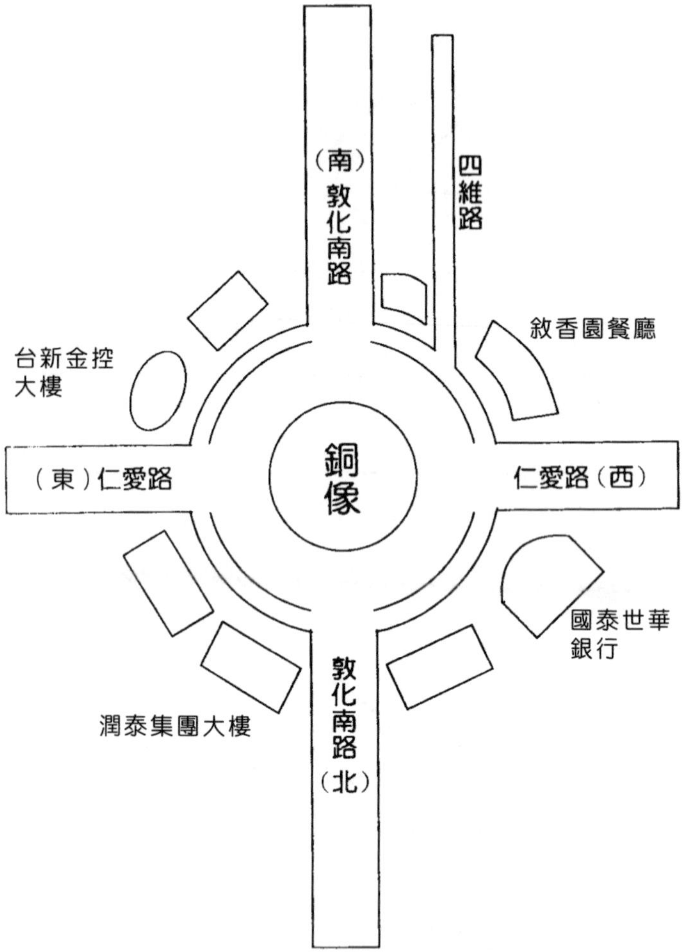

圖六・宅前山坡

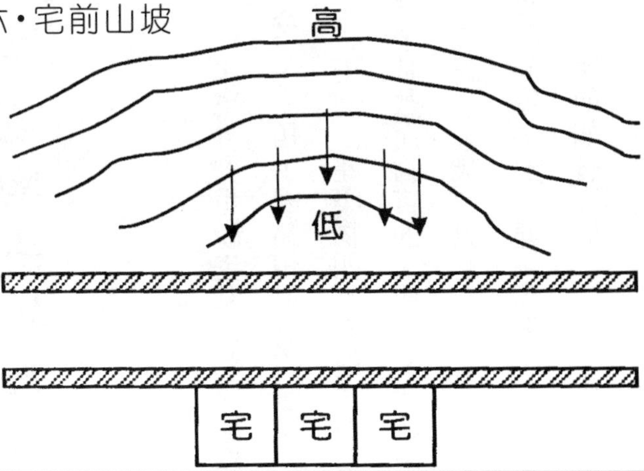

還有一種情況，宅前面對著雖然是一條橫路，不過宅前因地形關係恰巧是個山坡，沒有蓋住宅，人立於宅前正對著山坡，形勢遠高近低，像這種情形，宅前雖無路沖，可是遠高近低所導引進來的氣，不比路沖弱，也是很強的，形勢會影響導氣，假如宅前有這種形勢，宅向的納氣，也會因此而加強其威力。好的宅向，福也就加倍的重，宅向凶，其凶也就加速加重。如圖示之。（圖六）

宅前也很忌諱有向外傾斜出去的馬路，宅前傾斜馬路就如同明堂向外斜出，水不聚集宅前，即表示財不蓄聚，宅內的人，不但不能蓄財，反而錢財如水向外斜出，貧窮難免。

第四節 宅與尖塔屋角

陽宅外勢重視宅基形勢、馬路與水之外，同時也要重視高的建築物。最常見的有高樓、尖塔、屋角，因為相對高的建築物體，對陽宅納氣會產生迴風反氣作用，所以要知所迴避。

宅前之建築物如為高樓，與本宅相對高聳之時，必須審視在宅之何方位，高超部分是否合乎卦數而論吉凶。例如坐北朝南，宅向為離，左前方之巽方有高樓，應依先天理數，後天卦位論之，離之數為九，巽之數為四，四與九在河圖係同處一方，後天卦九在離，四在巽，故離向宅，前方巽為高樓，四九為朋，故對離向宅為吉，若不合先天理數則為凶。

宅前如有尖塔，塔高而瘦，不像高樓面積寬大，塔體從頭至腳皆可見，有如平地起高峰，此種尖塔一定要消納，如宅是坐癸向丁，尖塔在丙位上，依消砂五行，宅癸丁屬土，丙尖塔屬火，丙火對宅之丁土，為生方之尖塔，可納為宅所用為吉。如尖塔在左前方之巽位上，因巽位五行屬木，木剋宅之土為殺為凶，應當迴避。

宅前如有屋角或獸頭狀之屋簷，對宅沖射，需要特別注意，其形如獸頭者，對宅會產生凶象，尤其在宅之八煞方，其凶更猛。如宅坐辛向乙，宅前卯方有屋角或獸頭屋簷，從此方射入宅門口，其凶甚烈，因宅向之乙納卦於坤，而坤之八煞為卯，即是乙向宅之八煞方，故屋角屋簷異狀沖入，凶上加凶。又如左前之辰方亦不可有異狀物體沖來，因坤之先天在坎，而坎之八煞在辰，故乙向宅，辰方為坤之先天八煞，其禍害亦同。

宅前高起之物體，因其物體形狀不同，所使用之理氣應自有異，不可用法不變，而拘泥固執。理氣之選用應隨形勢而變，形體不同應選擇適當理氣，適用理氣就得靠經驗。

第五節 陽宅之向與坐

陽宅有的主張論向，有的主張論坐，各有其主張的依據。然而不管其主張再有根據，總要經得起考驗，「真理要經得起檢驗」唯有經得起檢驗的道理才是真的，否則，任你說得天花亂墜，口沫橫飛，也只是一派胡言而已！

堪輿學家指影響先人骨骸墓墳，有兩種氣，一種為山龍所導引的地氣，從龍行起伏轉折，行龍坐度，論地氣的吉凶。另一種為天星運行之天氣，由北斗九星轉移，論運之生旺衰囚。地氣隨龍行於地下，天氣隨天星流行於虛空，因此，郭璞「葬書」曰：「葬乘生氣」，此其理也。地氣隨山龍行於地下，故地氣貫屍不貫塚。天氣流行於虛空，故天氣貫塚不貫屍，是為自然之理。

陽宅建蓋地面上，浮在虛空中，人居於宅內，收納者為天氣，不受地氣的影響。陰宅骨骸埋葬地下，論乘地氣。陽宅建於地上，論納天氣，故陽宅以向納天氣為主而不論坐。蔣大鴻於「陽宅三格辨」曰：「凡此三宅皆堂氣開舒，水泉平行之地而築之，而不關於龍脈之結聚，世人以為龍脈結成陽宅，此說非也。」又曰：「凡陽宅之所收者外氣而已，山川風物挹覽光華，雲奔電轉，其作用在土泉之表，非求之地絡之陰。」此所謂外氣，當然指的是流行於虛空之天氣。尹一勺曰：「陽宅之所收者外氣而已，此語醒世千古大夢，非真地仙不知此，非真天仙化人亦不確解。」筆者於此言陽宅以向收納天氣，實乃繼蔣大鴻、尹一勺之後，一以貫之，為世之警語！

由於陽宅以宅向納外氣，所以蔣大鴻指出，必須擇開闊平整，以及水流曲折緩慢地方建築宅居，宅前開闊堂氣才能順暢進來，地平水流曲折緩慢才不致沖射或直瀉，此皆因陽宅納氣之需要，所必須要有的地形條件。更有甚者，要求宅前不僅要平整開舒，最好要飽滿，宅後稍微低，使外氣不但更容易由宅前進入，所納的外氣也因而更旺更充沛，即所謂「坐空朝滿」，是陽宅納氣最佳形勢。例如南投縣竹山的紫南宮，供奉土地公神，就因坐空朝滿地理形勢，大發財富。

第四章
陽宅內勢

吉凶悔吝生乎動，動者氣也，動吉則吉，動凶則凶。宅向大門窗戶為氣口，納吉氣則旺，納凶氣則衰。迎吉旺氣，避凶衰氣，為宅辨生辨衰之原則，故宅向門路窗戶是審宅之先決條件。

何謂陽宅內勢，即是陽宅內部依生活機能，安排分配之各種間隔。大門、客廳、神位、主臥房、子女臥房、書房、廚房、浴廁等在有限空間裡，安排配置，使各種用途不同房間，互相配合得當，機能發揮，節省空間浪費，這種不同組合安置，就是陽宅內勢。

不同性質隔間，安放生活家具所餘空間，即是活動走道門路，走道門路，就是所謂宅內動線。宅內動線安排是否得當，影響住宅機能相當之大，尤其更要與宅之大門配合得宜，才稱全美。

何以要探討宅之內勢，因為除宅向不可改變之外，其他如有不妥不吉，可以改變，使之變吉。宅內部配置是否得當，除影響生活機能外，更能影響人之吉凶禍福，所以要詳加研究。

陽宅內勢最主要大門與宅向配合，連接各房間之通道，要合乎動與靜，陰與陽之配合。臥房床位與窗戶、房門納氣要配合得卦理，更要與動線連成一氣。使之動吉則吉，至而愈動愈吉。人住在宅內，生活活動產生「動」的關係，即帶動氣。氣流交感為納氣作用之一，易曰：「吉凶悔吝生乎動。」由於「動」的關係，有吉凶之感應，所以要論宅的吉凶，應從動處著眼，否則吉凶效應不準確。楊救貧之「青囊奧語」曰：「認金龍，一經一緯義不窮，動不動，直待高人施妙用。」蔣大鴻門人姜垚氏注釋云：「金龍指先天真陽之氣，無形可見者也……一經一緯即陰陽交媾之妙，金龍之經緯隨處而有動與不動，去取分焉，必其龍之動而妙用出焉，若不動者不可用也。」楊公進一步指出，動有吉有凶，動處必須選擇「動」先天真陽之方，不可選在「不動」無先天真陽之處，即為動吉動凶分辨，所謂「先天真陽之氣」即是天心正運，「天心正運」即是旺運，旺運所臨之處，才能動，否則不可動，動者便凶。

陽宅之宅向為納氣之方向，將氣引入宅內。大門也因人進出走動，帶動氣。宅內之走道房門，也是活動必經之路，均因動而帶動氣。是論吉凶之重點。

第一節　宅向

宅向是陽宅納氣的方向。宅向既先定立，猶如人之八字，一出生即定，也不容不接受先天秉賦。八字有好有壞，宅向坐度也有好有壞。好壞要看二十四山向，坐何度數，二十四山向有可兼有不可兼。不可兼者必須單清，不可左兼或右兼，不可兼而兼者，即如人之先天八字不好，格局已定，偶遇好運也只有小發，無法成大事。宅向亦同，立向差錯，縱有好運，也將受限，助力有限，僅能小小助益而已！

陽宅有坐有向，陽宅的正面謂之向，背面謂之坐。欲知宅向須用羅經察看宅向落在二十四方向哪一字上，先將羅經與宅向平行，再調整羅經，視與宅向成九十度直角線，落在那一字上，如落在午字上，宅向即是午向，落在卯字即是卯向，其他依此類推。

要了解宅向，由於現今建築物，與古代迥異，古代所論說之陽宅，與今日陽宅形態差異

圖一

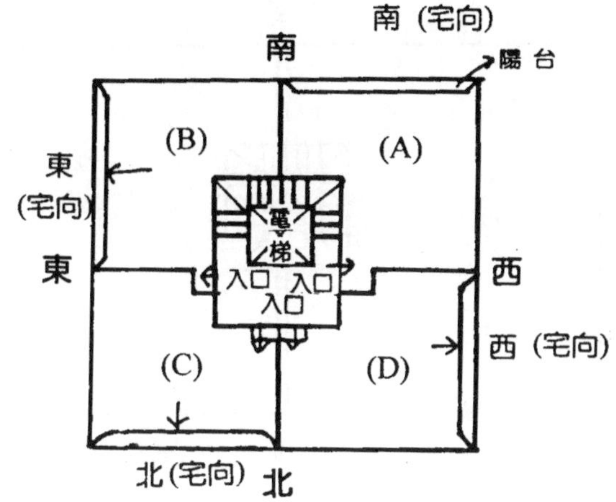

非常之大，陽宅理論用之今日，常有格格不入情形，以致今人論起陽宅，各說各話，沒有一個準頭。山間鄉村的陽宅，若是透天厝形者，宅向認定不成問題，宅的正面即是宅向，以羅經一格，便知宅向。若是城市中高樓大廈，由於分層居住，又有一層中分好幾戶，其它向不見得與整棟大樓之向相同，如大樓向南，住在後段或左右兩邊者的宅向，後段者宅向可能變成向北，左右兩邊者宅向可能變成向東或向西。遇此情況，宅向就各視情況而定，不可依整棟大樓之向為準，而全部視為向南。

見圖一說明：一個樓層有四戶，電梯設在中央，由於四戶之陽台受光面不同，其宅向認定也不同，如A戶陽台向南，應認定朝南宅向，B戶陽台向東，應認定朝東宅向，如C戶陽台向北，應認定朝北宅向，D戶陽台向

圖二

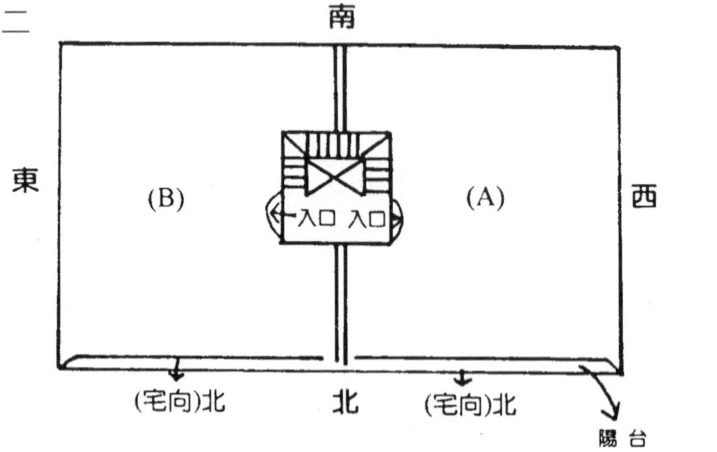

西，應認定朝西宅向。

如圖二所示，一層兩戶住宅，電梯設中間，東西各乙戶，陽台在北方，宅向很容易看出A、B兩片均向北。此種組合之大樓，不論多少層，皆可認定宅向均是向北，住一樓者也是向北。住宅如此看法，辦公大樓宅向看法也如此，端視其陽台最寬之面，面向何方位而定，以及其所面臨之巷道距離遠近而定，如陽台面臨之馬路巷道愈寬，更足可認定。

至於山間鄉村陽宅，宅向最容易認定，例如圖三、圖四所示：圖三：三合院式。圖四：平房式（或二三樓式）。如圖三：三合院式陽宅，目前在鄉間仍可見，大廳設在兩廂房中間，面對庭院，可認定大廳之向即是宅

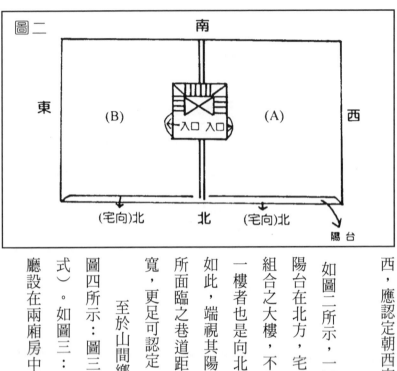

圖三

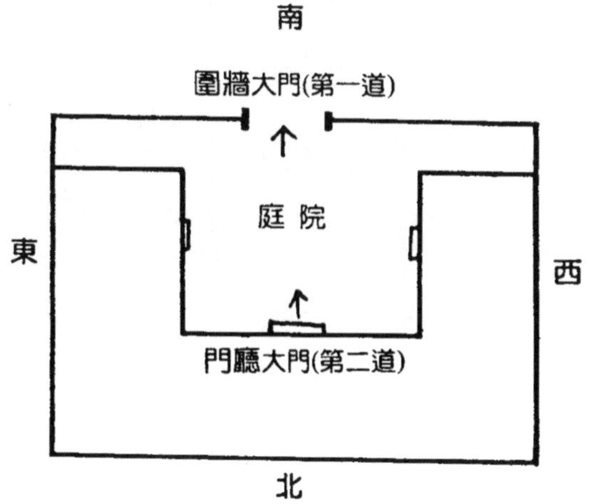

圖四

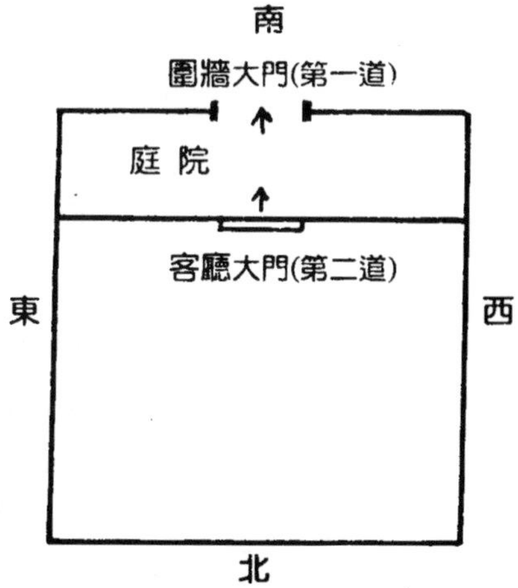

向—向南。圖四所示：平房式或二三樓式：客廳大門設在正中間，外有圍牆，客廳大門的向即是宅向—向南。此二種陽宅，宅向之認定，很明確，沒有疑義。

確認宅向如依前述方法，除比較特殊建築外，均可比照套用，不會有誤。宅向認定很重要，了解宅向之後，即可知道此宅立向有否偏差，知道先天格局是貴或賤，立向正確而無差錯者為貴格，立向不可兼而兼者為賤格，貴賤吉凶可以向而分辨。宅向為整個住宅納氣之來源，立向純，納氣也純，立向駁雜，納氣也雜，納氣純與雜，反應在住者人身上亦有純與雜之關連，純者人事順暢，雜者人事乖逆不順，禍事橫生。例如宅向立在亥壬相兼、艮寅相兼、卯乙相兼、辛酉相兼、庚申相兼等八煞宅向，或者地元甲庚丙壬辰戌丑未與他宮相兼者，均非常不吉利。八煞宅向一定要規避。

第二節 宅大門

陽宅大門是整個住宅進出必經之口，是整個住宅最大納氣口，也是動線中最大一個動點。鄉間住宅設有圍牆的圍牆大門，稱之為第一道大門。進入主廳之門，稱為第二道門。市區住一樓者若有圍牆，認定方法與鄉間住宅同。如未設有圍牆者，進入宅內之門，稱為第一道門。二樓以上住宅，如要進入住宅，須經樓梯口大門再經陽台再入客廳，則樓梯門不算不能視為第一道門，因為未進入宅內，反而是陽台進入客廳的門才是第一道門，樓梯口的門與客廳的門，兩者成九十度轉彎，人走動所帶動的氣，無法成九十度轉彎，所以樓梯口的門，不算第一道門，應以客廳的門為準。以圖五、圖六、圖七所示。

陽宅極重視大門，因大門為最大納氣口，猶如人之口，維持生命的食物，均由口進入，

圖五

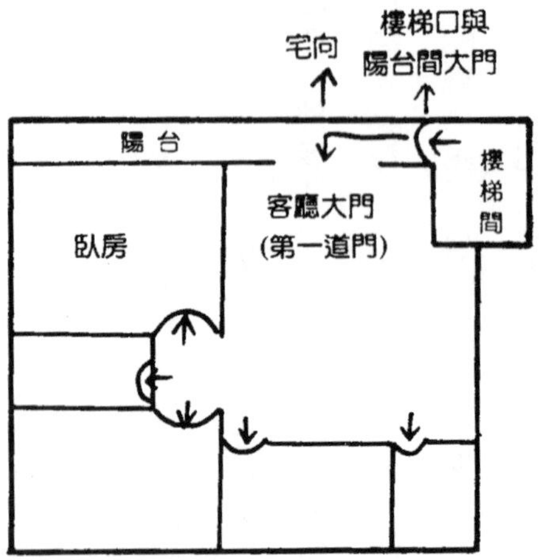

圖六

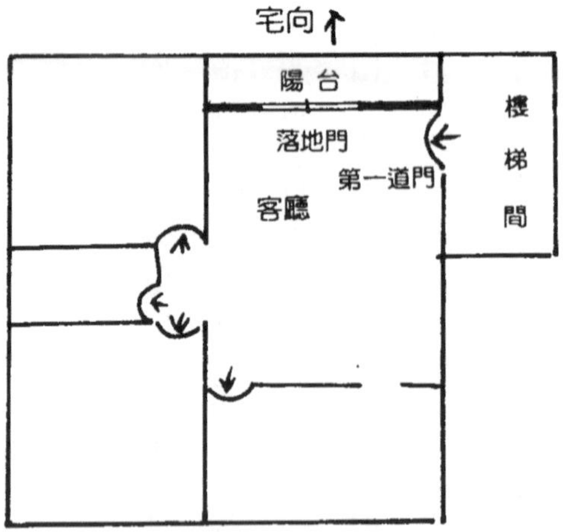

圖七

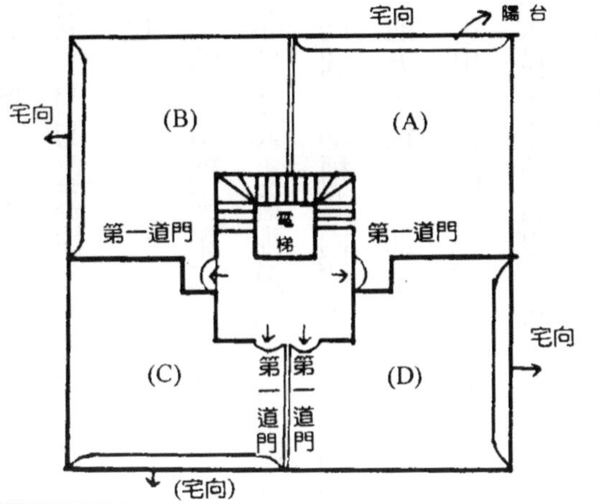
宅向
陽台
宅向
(B)
(A)
電梯
第一道門
第一道門
宅向
(C)
第一道門
第一道門
(D)
(宅向)

圖八

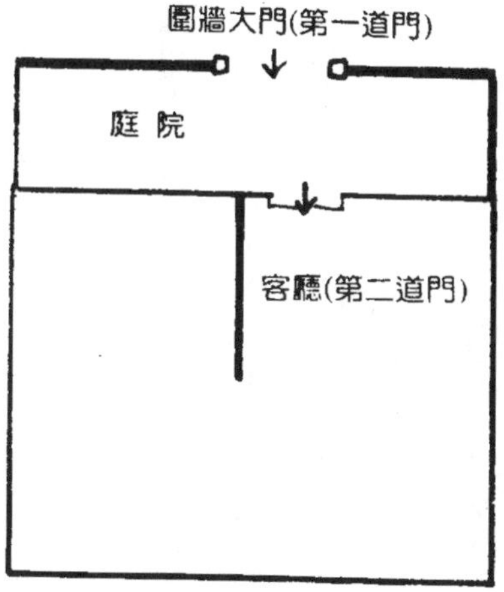
圍牆大門(第一道門)
庭院
客廳(第二道門)

良好清潔食物進入，有益健康，不好食物進入，有害健康，好與壞皆由口而入。而門也是，人進出由大門、門善納氣善，門惡納氣凶，善惡均由門。或說鬼神也要從門進出，門之重要不言可喻。門安置得宜否，關係吉凶禍福極大，古人有云：「千斤大門，四兩屋」，是形容陽宅大門的重要性，叫人要特別注重，而不是說，屋不重要，只是兩者相對比較而顯示重要而已。

第一道門與第二道門要互相配合，配合要合乎八卦理氣。第一道門是圍牆大門，第二道門即是進入主廳那道門，這道門通常是與宅向相同一個向，例如宅向朝南方的丙向，宅門與宅向同，即稱為丙門，站在丙門的位置上，再看圍牆第一道門，設在何方位上，假如是設在右前方丁位上，即是丁大門。宅向丙，丁大門，合乎八卦理氣，配合非常好，但在實務上常常會出大錯誤，宅門是丙向，但宅門是應設在那位置，才稱是丙位，以及圍牆大門丁位置如何選擇，丁位置確定後，是否也要丁位丁向？這個實務問題，很少人知道，也因此發生理氣對而不靈不準情況。

第三節 宅內動線

所謂「動線」就是宅內部供人行走活動的通道。宅內部依生活機能不同所隔成的房間，放置各式家具之後，剩餘空間供作人行走動而連接各個房間的通道，稱之謂「動線」。這個動線是宅內部的動脈，由於人行走其間，產生動能，有動則有氣感，氣感就會影響到人。

從圍牆第一道大門，進入主廳第二道門，這個路線就是陽宅第一道門路動線。從主廳到宅主臥房，再到子女臥房、餐廳，這條行徑就是陽宅內第二道內路動線。動屬陽，靜屬陰。臥房床鋪不動為靜是屬陰，可是進入臥房上床睡覺所經之房門及行徑是動屬陽。動得與動不得，要視方位而定，能動則動，不能動則不動。宅內之陰陽動靜，很少人能知道，更少人能說出，筆者在此特別指出，以饗讀者，供人參酌。

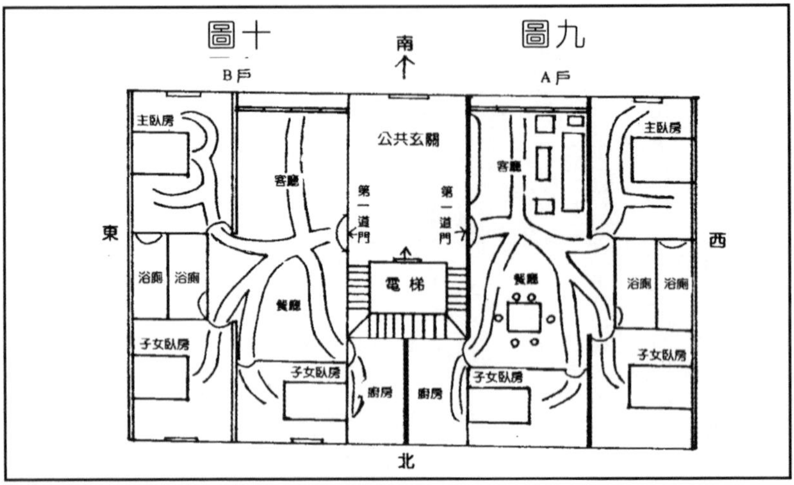

動線就是宅內之路，因為動產生吉凶悔吝。而動得與動不得，要確實了解現在煞氣在何方位，煞氣所臨之方，絕對動不得，煞方宜靜。而且動得之方，應選在目前得「天心正運」之方，才能有所助益。所以宅內動線與門路同樣重要。清初蔣大鴻在「天元五歌」之第四歌論陽宅中指出：「門為宅骨，路為筋，筋骨交連血脈勻，若是吉門無惡路，酸醬入酪不可斟，內路常惡外路，看宅深內路抵門關。」此言指看宅必須內路也要看仔細，因為內路常會破壞外路，要門路吉，內路亦吉，才為全吉。

宅內動線示意圖，如圖九、十所示。由上圖表示一棟雙併住宅大廈，二樓以上住戶內部格局完全一樣，圖九代表A戶，圖十代表B戶，該棟大廈坐北朝南，A、

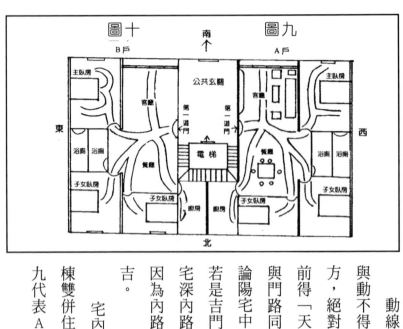

B兩戶宅向，認定是向南，大門從公共玄關進入為第一道大門，經安置生活家具後，形成固定一條通道，例如劃黑影線部分，就是所說的宅內動線，人生活其中，經常走動，而且是固定不變，久而久之，自然就形成動靜對比。又從整個宅看，客廳、餐廳、廚房就為一個整體。主臥房、浴廁、子女房視為另一個整體，這部分主要做為臥房，只有夜間睡覺才進出，與客廳餐廳活動重點兩相比較，客餐廳這部分應屬動的，主臥浴廁及子女臥房這部分相對活動少，應屬靜的，動屬陽、靜屬陰，動靜陰陽從此分。

A B兩戶住宅最大動處，在第一道大門入口處。可是從A B兩戶各自分別看，A戶動處在東方，B戶動處在西方。從大門入口而言，A B各不同，因此從A戶看動的部分在東邊，從B戶看動的部分在西邊，動靜陰陽完全相反，論A B兩戶吉凶好壞，當然就不同。A戶整體而言，動在東邊，B戶整體而言，動在西邊，例如七赤兌管運，大煞氣在東方位置，因此，分辨A B兩戶，A戶動處犯了大煞，煞氣引入宅內，當然不吉利的事很多。而B戶相反，動在西邊不犯煞，比起A戶當然好得太多。

煞與天心正運一樣，隨時間流轉，要懂得趨吉，必然也要知道避凶，動在吉方就是趨吉，煞方宜靜不宜動，就是避凶，「趨吉避凶」就必須知道天心正運在何卦位，大煞在何方位。「天心正運」是千古不傳之秘，蔣大鴻著「地理辨正」也未曾洩出一個字。

陽宅門路與內路動得與動不得，除要配卦理之外，要想發富發貴，就必須兼得天心正運，否則，會誤認陽宅無用、不靈，甚至於指為迷信。

第四節 臥房收納氣

陽宅論向論門路論動線，當然也要論宅之臥房，宅之臥房是人歇息之地及孕育後代之所。臥房收納氣第一個是外氣，第二個是內氣。外氣指房外由窗戶進來之空氣與光，空氣不僅是地球大氣層的氣，還有星宿運行的天心正運之氣。而光指的是太陽之光與太陰之光，太陽之光是從太陽來的陽光，太陰之光是從月亮星星來的光。太陽之光與太陰之光日夜輪流從臥房的窗戶進入，人安睡床上就吸納氣與光。另一方面臥房的門，也帶動內氣進來，內氣外氣互相交感，人睡於床上，長夜漫漫，經年累月受外氣與內氣的交互作用，當然深受其影響而有所作用。

大自然之光與氣，毫無私心，萬物均霑，當然無所謂吉與凶。可是人居於宅內，因宅有

圖十一

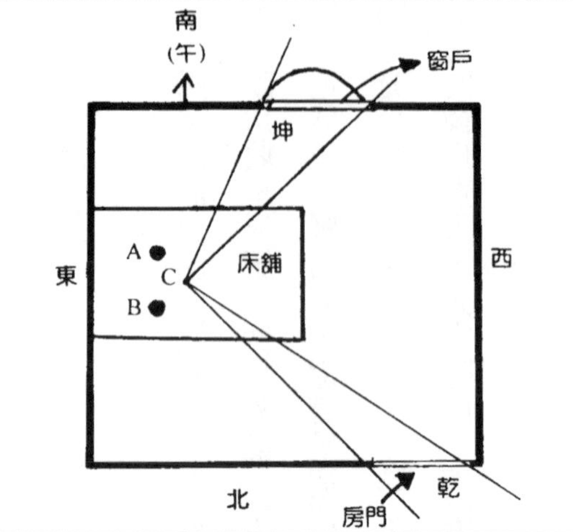

方位，又有二十四方位之不同，光與氣由窗進入臥房，窗亦有二十四方位，當然有其不同之特性。二十四方位原本也無吉凶，實乃天上北斗九星之轉換移動，產生方位吉凶。自古星象家，堪輿家，觀天星北斗之遷移，推測氣運之變化，了解方位隨天星移轉而有吉凶。

臥房由窗戶所納的外氣，要與房門所納的內氣互相配合，以床位接近心臟的位置為中心點，用羅經格之看窗戶方位進來的氣，屬二十四方位哪一個字，再與從臥房的門進來的氣，是屬二十四方位哪一個字，兩邊來的氣，有否合乎八卦理氣，有合乎八卦理氣，自然吉利，若不合八卦理氣，自然多凶事。

一個住宅，臥房以宅主人的臥房為最重要，因為宅主人是這個家庭經濟主要來源，生活的重心，全家的依賴，宅主人獲福，全家大小受其庇蔭。宅主有凶禍，全家大小則愁雲慘霧。

故宅主人的臥房其收納氣，要特別慎重而馬虎不得，其次為子女臥房，也要個個合乎理氣，讓子女個個都好，才能凡事皆順，全家皆平安。

臥房收納氣以圖示意：（圖十一）

圖十一，表示一間宅主人的臥房，床鋪置於房中，宅向朝南之午位，宅主宅母睡在床鋪A位與B位，A點表示宅主人心臟位置，B位表宅母心臟位置，兩位共同點在C點，在C點用羅盤察看校正後，窗戶在坤位，房門在乾位，A B點上的宅主宅母，所受的外氣為坤氣，內氣為乾氣，再察看乾與坤交感有否合乎八卦理氣，若有合乎理氣，則宅主宅母人在床上養息，久之，自然就平安無礙。外氣坤，內氣乾，先天卦理，乾為天，坤為地，乾坤定位兩氣交感至善至美。乾又為父，坤為母，乾坤交合，老父老母水乳交融，善哉美哉！（其他各卦吉凶容於理氣應用篇詳為介紹）

臥房納氣的氣口，有二處，一為窗戶，一為房門。臥房若無窗戶外氣可收，即以房門收內氣為主，內氣無外氣的配合，力量減弱，作用減輕。一間臥房以外氣為主，因為外氣比內氣強，房門的內氣只是配合通氣，力量不如外氣。外氣既然比內氣強，所收納的外氣，必定要懂得選擇當值的旺運，旺運就是當值的天心正運，用上了，富貴臨門。

第五節　一屋一太極

陽宅論宅基的外勢，論向與門路，是指對整個住宅而言，好與壞影響是全面性的，這個整體稱宅為一個「大太極」。住宅依生活機能，用途不同，分隔數間房間，分佈宅內各方位，其有各自的窗戶與房門，自然把一個大住宅分割成數小住宅，例如客廳、餐廳、主臥房、子女臥房、書房、神明香火廳等，所以各個房間，稱之為「小太極」。大太極涵蓋小太極，小太極包含於大太極。大小太極各有其納氣口，各有不同方位，因此，其吉凶各有別，大小太極應各自論述，才為準確，否則，吉凶顯現較為含糊。住宅內部各個房間分別論述，稱之謂一屋一太極。

何以住宅內各個房間要各自分述呢？因為各個房間，分佈在不同方位，其窗戶所收納的外氣，由於方位不同，來氣就不同，房門的配合也不同。有的房間可收納外來旺氣，有的不但收不到旺氣，反而收到煞氣，有的房門的方位可與窗戶的外氣配合，有的卻不能。搭配有別，來氣不同，當然各個房間的吉凶禍福也就不同。

宅的第一道門與第二道門配合得好，為最吉。宅向收納天氣正值旺運，堪稱旺宅。假若宅主人的臥房，收納氣沒有收到宅向的旺氣，或者剛好收受到當值煞氣，那這個住宅好壞參半，善惡糾纏不清，那這樣就是所謂「吉屋凶住」，可惜！如宅向未得旺向，宅大門又配合得不是很好，可說是一凶宅，可是，宅主的臥房，其窗戶能收到當值旺氣，而能引到臥床上，又與房門配合得理氣，則該宅主人的臥房，便是吉房，宅主人因住這一吉房，所以獲致吉祥，那這樣就所謂：「凶屋吉住。」

凶屋可以吉住，古屋也可能凶住，吉者論吉，凶者論凶，一屋一太極，吉中含凶，凶中有吉，就如同太極之陰陽兩儀，陰中有陽，陽中含陰，其理自然。

依一屋一太極的道理，推而廣之。譬如一家公司，職員眾多，住到好的辦公室，就得到好的感應，住到壞的辦公室，就得不好的感應，有好感應的職員，精神好，處事積極，思考縝密，業績跟著就好，升遷當然有望。至於公司的董事長與總經理，負責決策與盈虧成敗的人，更理所當然要選擇一個好的個人辦公室。一天在辦公室工作八個鐘頭，負責人可能不只八個鐘頭，公司辦公室便成為另一個住宅，人人要受其吉凶的感應。公司主管想要帶領公司走向發展之路，職員想要業績好，有好的表現，以求升遷加薪，不可不注意所處的辦公室，是吉是凶了。

第六節
宅位選擇

住在鄉間的平房如三合院的住宅，或二三樓式的透天厝，其住宅的基地，必然要選擇平整開闊向陽的區域。但在城市中的高樓集合住宅，往高空發展，一個樓層可能設計二～四戶住宅。假如一層有四戶住宅，四戶各有其宅向，以及各有其宅門。宅向有的向東，有的向西，有的向南，有的向北，從大門進入所構成的宅內動線，亦各自不相同，有的動得對，有的動得不對。高樓集合住宅，以收天氣為主，受宅基的影響較小，宅向對的收到旺氣，宅向不對的收到煞氣，其吉凶截然不同，所以對城市中的高樓集合住宅，哪一戶哪一個方位的選擇，就相當重要了。

選擇宅位，當然要依前所述，首論宅向，次論大門，再次論宅內動線，以及各個房間。

最主要的是當值的天心正運以及煞氣落在何方位，取用旺氣，避其煞氣，就是高樓集合住宅，選擇宅位最高指導原則。宅位不同，吉凶就不同，不可不慎重選擇。

第五章 陽宅理氣應用

河圖洛書為數之源，先天後天卦為卦之體用。
數與卦配合，體與用合一，為理氣之根源，
離源逐末，非正道。
通易理尚需達實務，實務驗證唯有能者可致也。

所謂理氣是指八卦易理，八卦易理適用於陰陽兩宅。卦有橫卦及伏羲的先天圓卦，後有文王後天八卦。後人稱伏羲八卦為先天卦，稱文王八卦為後天卦，以之辨別。數有河圖之數與洛書之數，各有不同涵義，及其運用之法。卦有卦爻與卦辭，卦爻有三畫及六畫爻，以其爻之陰陽消長，顯其變化，而卦辭是釋示陰陽爻消長之易理，易之變化涵蓋天地間萬物萬事之理，能窮其易理，則天下事可明矣！

堪輿家察看陰陽兩宅，均以八卦易理為宗，變化運用也不能離卦理，否則，失其準確而無據。然而八卦易理為堪輿家推演之後，每每自成流派，推而廣之，使時至今日，有關陰陽兩宅之論說，不計其數，自稱其是正統，是正道，而偽說也充塞其中，使有志於此學的人，毫無準繩，不知依何為準。然而如不經十年二十年的苦心鑽研，可能無法理出一個頭緒出來。在現今社會，一切講求速成有效的要求下，誰還有能耐再花費一二十年的時間去研究呢？因此，有興趣於此道的人，抓到誰的論法就說誰的好，就像瞎子摸象，摸到什麼就說什麼是象。

本章陽宅理氣的應用，秉持不離根本，篩選其中最準確的，而且又經多年的檢驗與實證之後，認為可以引用到現代建築形態陽宅的，才予以摘錄，並有系統的介紹，使讀者能用最短時間了解整個架構，裨助對陽宅的認識與應用。

八卦理氣應用，是將其卦理，應用在陽宅建築體上，陽宅宅體是硬體，八卦理氣是軟體，將軟體應用在硬體上，只見到硬體不見軟體，硬體配合軟體，才能顯現其作用。所以一座「成功者宅第」必須軟硬配合，也就是巒頭與理氣配合，巒頭是陽宅形勢外體，所以說：「巒頭無理氣不準，理氣無巒頭不靈」，就是這個道理。

第一節 宅向立法

要建蓋一棟陽宅或者選擇一戶陽宅，首先要確定宅是何方向，才能著手。選擇一戶陽宅，也要先知道立的是什麼坐向。立宅向要使用後天八卦二十四方位。

（後天八卦二十四方向）

震卦分三方位｛乙 卯 甲｝卯位在東方　卦爻：☳

巽卦分三方位｛巳 巽 辰｝巽位在東南方　卦爻：☴

離卦分三方位
丙　午　丁
位在南方
卦爻：☲

坤卦分三方位
未　坤　申
位在西南方
卦爻：☷

兌卦分三方位
庚　酉　辛
位在西方
卦爻：☱

乾卦分三方位
戌　乾　亥
位在西北方
卦爻：☰

坎卦分三方位
壬　子　癸
位在北方
卦爻：☵

艮卦分三方位 寅 艮 丑 位在東北方 卦爻：☶

八卦共有二十四方位，周天三百六十度分二十四，每方位有十五度。立宅向要以羅經上地盤（即正針）的二十四方位為準。每個方位有十五度，要立在十五度哪一度上才吉呢？依據宋朝辜託長老靜道和尚所著「入地眼」乙書載：「地盤立向正為訣，三七相兼禍即侵。」這個訣竅，清朝張九儀在其「地理鉛彈子」乙書中，也推崇引用。所謂立正向，即是不可以左兼或右兼，如果遇到立的向，不可以左右兼而兼者，就會犯了「相兼」的毛病。正向指的是十五度正中央五度，超過這五度，偏左偏右就有相兼或陰陽駁雜情形。而向有可兼與不可兼，可兼與不可兼的根據，要溯自河圖先天八卦與二十四方位之分陰分場的道理。

八卦橫圖

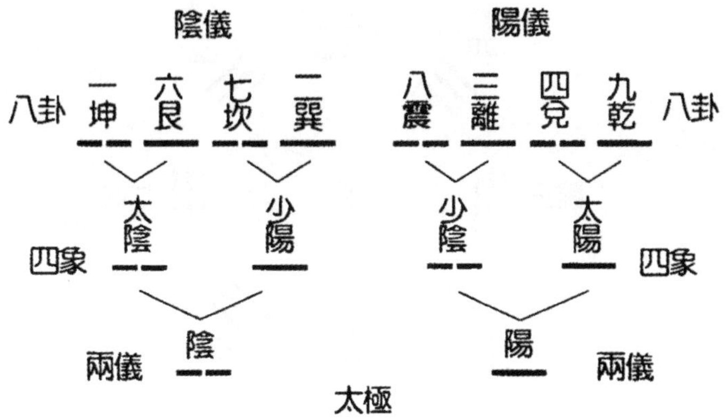

一、八卦橫圖

太極生兩儀，兩儀生四象，四象生八卦。先有橫圖：

八卦橫圖畫成之後，乾卦以河圖成數最大的九配之，兌卦以最多之生數的四配之。離卦以生數之次少數的三配之。震卦以成數之次少數的八配之。由陽儀所生之四卦為乾九兌四離三震八。另坤卦以河圖生數之最少數一配之。艮卦以成數之最少數六配之。坎卦以成數之次少數七配之。巽卦以生數之次少數二配之。由陰儀所生之四卦為坤一艮六坎七巽二。

先天八卦圓圖

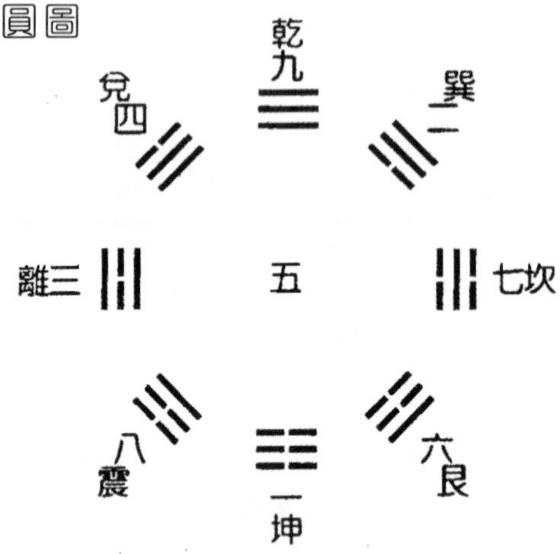

二、先天八卦圓圖

橫圖從中分判，陽儀列在上，循左而降，即是乾兌離震。陰儀列在下，循右而升，即是坤艮坎巽。左降右升使之規成圓形，即成為先天八卦圓圖。（見先天八卦圓圖）河圖之生成數，一三七九為奇數為陽，二四六八為偶數為陰，故乾九、坤一、離三、坎七為陽。震八、巽二、兌四、艮六為陰。

八千十二地支配之八卦，乾既為陽，納於甲，則甲亦為陽。坤既為陽，納於乙，則乙亦為陽。離既為陽，納於壬，則壬亦為陽，離即是午，而午與寅戌三會合，故寅戌皆為陽。坎既為陽，納於癸，則癸亦為陽，坎即是子，而子與申辰三會合，故申辰皆為陽。震既為陰，納於庚，則庚亦為陰，震即是卯，而卯與亥未三會合，故亥未皆為陰。巽既為陰，納於辛，則辛亦為陰，兌既為陰，納於丁，則丁亦為陰，兌即是酉，而與巳丑三會合，故巳丑皆為陰。艮既為陰，納於丙，故丙亦為陰。故

乾甲、坤乙 離（午）壬寅戌 坎（子）癸申辰 屬陽

震（卯）庚亥未 巽辛 兌（酉）丁巳丑 艮丙 屬陰

二十四方位因此而分陰分陽。

河圖生成數規成圓圖後之方位，即乾九兌四離三震八與坤一艮六坎七巽二。乾坤居九一，為天地定位。離坎居三七，為水火不相射。艮兌居六四，為山澤通氣。震巽居八二，為雷風相薄。恰巧洛書之數九一三七為陽，六四八二為陰相吻合。河圖之數陰陽與洛書之數陰陽相合，故陰陽之數永恆不變。

三、可兼與不可兼者

二十四方位可兼者

戌乾　壬子　子癸　皆陽可兼

寅甲　乙辰　坤申　皆陽可互兼

丑艮　巳丙　丁未　庚酉　皆陰亦可互兼

可兼者皆淨陽與淨陰

二十四方位不可兼者

辛戌　乾亥　亥壬

癸丑　艮寅　甲卯

乙卯　辰巽　巽巳

丙午　午丁　未坤

庚申　辛酉

不可兼者為陰陽駁雜及八煞，故犯三七相兼之禍害，其中之：

亥　壬

艮　寅

乙　卯

庚　申

辛　酉

即為八煞。宅墓逢之一齊休。

故立向要避免陰陽夾雜之外，更要去除八煞向之害。

四、八煞官鬼爻

宋朝辜託長老曰：「凡陽爻言九者，俱用河圖之五生數取義，凡遇官鬼爻則為煞曜，故八煞歌云：『坎龍坤兔震山猴，巽雞乾馬兌蛇頭，艮虎離豬為八煞，墓宅逢之一齊休』。」

坎（子）龍（辰）　坤（坤）兔（卯）　震（卯）猴（申）

巽（巽）雞（酉）　乾（乾）馬（午）　兑（酉）蛇（巳）
艮（艮）虎（寅）　離（午）豬（亥）

又因離納壬，壬亥。坤納乙，乙卯。震納庚，庚申。亦互為八煞。

漢代京房所撰之「京房易傳」，詳為記載渾天甲子，以卦爻而配干支。有所謂「乾金甲子外壬午」，乾之內卦初九為甲子，九二為甲寅，九三為甲辰。外卦上九為壬戌，九五為壬申，九四為壬午。故辜託長老謂凡遇官鬼爻即為煞曜，蓋乾之五行為金，內卦初九子水，是金生水，故為子孫爻。九二寅木，為乾所剋，我剋者為妻財爻，九三辰土，土生金為父母爻，上九戌土生金，亦為父母爻，九五為申金，為兄弟爻，九四為午火，火剋金為官鬼爻，因此，堪輿學家以為遇剋為官鬼煞曜。

陽宅立向以立正向為原則，若不得已要兼向時，要選淨陰淨陽兼之，更要避八煞向。犯了陰陽差錯，會出刁蠻固執武斷的人，且喜好興訟，個性狠毒，橫事狼藉。而犯八煞者其家運逐漸蕭條冷退，或流落異鄉，嚴重者犯病吐血、火災或車禍死亡。

前述十個可以兼的方向，還要規避其中有與地元宮相兼者。地元宮是甲庚丙壬辰戌丑未，因地元獨行。尤其有隔宮相兼者，如寅甲、乙辰、丁未，犯隔宮差錯，犯者凶禍不輕。

陽宅以向為納氣方，宅向不純或犯煞，所收納的氣，就不純或帶煞，人居其宅內，久之當然受其感應。好的宅向收的當然是好氣，不好的宅向收的氣，當然是凶氣。好的宅向前面最好要寬闊，以免好氣受阻進不來。城市裡的住宅，馬路街道要寬，如是巷弄狹窄，就會受阻影響進氣。不好的宅向，如遇窄小的巷弄，因進氣阻礙，壞影響也會因而減弱。

選擇宅向，要陰陽純清，避八煞向，最重要的宅向要當運，有運才有強大的助力，使宅主能在事業上排除障礙，克服困難，心想事成。所謂當運，就是當今的旺氣，也就是天心正運，這天心正運，不怕煞，什麼都不忌諱，不過運一過，煞就來。有天心正運就有大煞，就如有善就有惡，懂得迎好的，也要懂得迴避凶的，天運的大煞，絕對要避掉，否則也是凶不旋踵。

第二節 大門安法

城市裡，大廈公寓二樓以上的住宅，大門都只有一道，而且也都事先經由建造者規劃設計好的，沒有安置大門的問題，可是也要懂得如何選擇才是。一般公寓一樓者、一二樓平房以及透天厝的住宅，有二道門者即是圍牆第一道門及進入客廳的第二道門。有兩道大門的陽宅，二道門要安置得宜就要有大學問，安得好與壞，其影響有天壤之別。

一、雙大門安法

（大門與宅向配合）

要安置大門要先了解宅向，以羅經格之看宅向是何向，然後站立在進入客廳的第二道大門，向外看圍牆大門，應該安在何方何位，一定要門來配合宅向，這兩道大門的配合法，有其一定的理氣，最重要而有效為河圖生成法。

（河圖生成法）

河圖的理數，一六在北方屬水，二七在南方屬火，三八在東方屬木，四九在西方屬金，五十在中央屬土。以十天干配合，一六為壬癸水，二七為丙丁火，三八為甲乙木，四九為庚辛金，戊己在中央羅盤無此方位，故不用。河圖成卦後，壬癸水配於坎，丙丁火配於離，甲乙木配於震，庚辛金配於兌，一二三四五為生數，六七八九十為成數。孔子曰：「天一、地二、天三、地四、天五、地六、天七、地八、天九、地十。」易曰：「天一生壬水，地六癸成之。地二生丁火，天七丙成之。天三生甲木，地八乙成之，地四生辛金，天九庚成之。」故有：

壬配癸
丁配丙

甲配乙

辛配庚

上列均天地配，生與成配，奇與偶配。又因離納壬，坎納癸，離為中女，坎為中男，故為中男中女夫婦相配。兌納丁，艮納丙，兌為少女，艮為少男，為少男少女夫婦相配。乾納甲，坤納乙，乾為老父，坤為老母，為老父老母夫婦相配。甲乙壬癸為淨陽，丙丁庚辛為淨陰，淨陰配淨陰，淨陽配淨陽。相配之理渾然天成，自然之至。

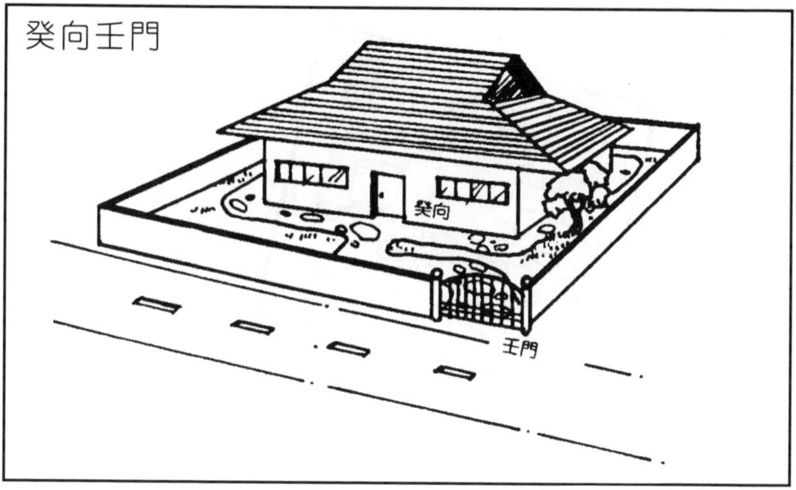

（癸向壬門）

宅向為癸，第一道圍牆門應選在壬位，壬癸同在北方，北方是河圖一六之方位，一為壬，六為癸，癸向宅取一之生數，為一六共宗之局：一為生數，六為成數，為一生一成之局，搭配至美，極為自然。另二十八宿之室宿在壬，壬為軍糧之府，土工之事，如再有形勢配合得當，力量更大，會極速發富，並略有武德。

壬向癸門

（壬向癸門）

宅向為壬，第一道圍牆門應選在癸位。壬癸均在北方，北方是河圖一六之方位，一為壬，六為癸，壬向宅，取六之成數，為一六共宗之局；一為生數，六為成數，亦為一生一成之局，搭配亦為至美，至為自然。二十八宿之虛宿在癸，癸為冢宰之象，主北方城邑廟堂祭祀之事，配以形勢得當，力量甚大，不僅速發富且全家安泰。

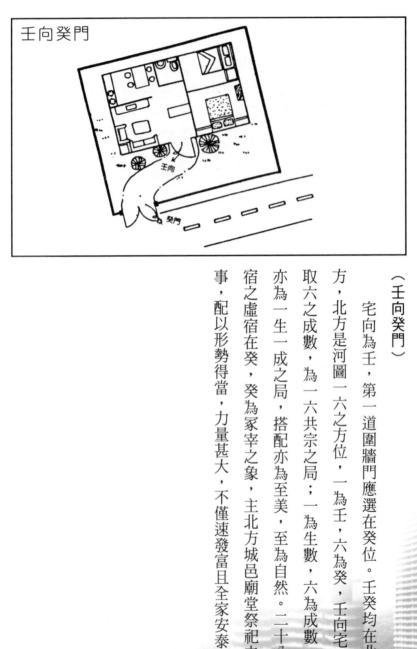

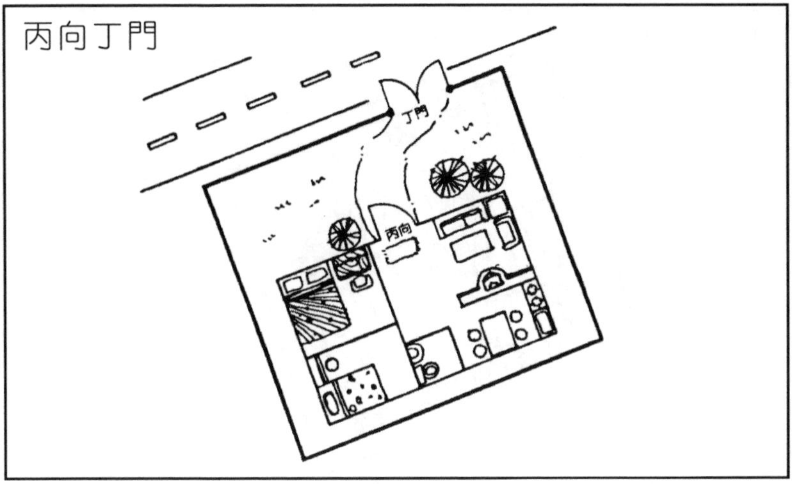

（丙向丁門）

宅向為丙，第一道圍牆門應選在丁位。丙丁同在南方，南方是河圖二七之方位，二為丁，七為丙。丙向宅，取二之生數，為二七同途之局，二為生數，七為成數，為一生一成之局，配合至美，極為自然。另二十八宿之柳宿在丁位，其宮曰南極，主人有福且長壽，亦主文章、御膳；若有形勢配合得當，必主人健康而高壽，富有且能以文章享名。

（丁向丙門）

宅向為丁，第一道圍牆門應選在丙位。丙丁同在南方，南方是河圖二七之方位，二為丁，七為丙。丁向宅，取七之成數，亦為二七同途之局；二為生數，七為成數，亦為一生一成之局，配合至美，極為自然。另二十八宿之翼宿在丙位，其宮曰赦文，為天之樂府，文物聲名之所，亦為三公化道文籍及蠻夷遠客；若得形勢配合，主宅內無凶禍、無官非，且有訟事得以平息，犯罪亦赦免。若有訟事纏身不得解，應改成此門，即獲平息。

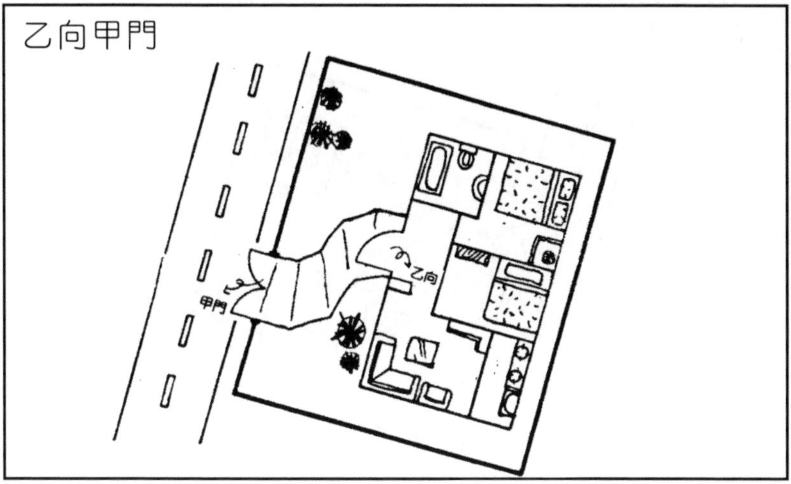

（乙向甲門）

宅向為乙，第一道圍牆門應選在甲位。甲乙同在東方，東方是河圖三八之方位，三為甲，八為乙。乙向宅，取三之生數，是三八為朋之局，三為生數，八為成數，為一生一成之局，配合極為至美且自然。另二十八宿為尾宿及部分之心宿在甲位，心宿為文章之府，宰相之宮，尾宿為后妃之府，甲為天干之首，若有形勢配合得當，必主文章蓋世，大富大貴，且有女貴，多子且多孫，延綿長久。

甲向乙門

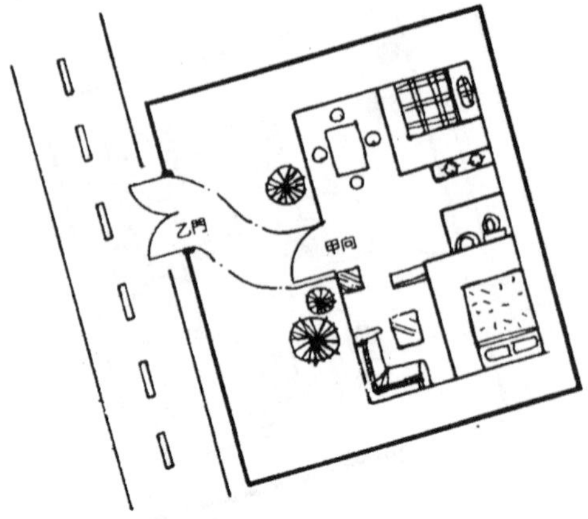

（甲向乙門）

宅向為甲，第一道圍牆門應選在乙位。甲乙同在東方，東方是河圖三八之方位，三為甲，八為乙。甲向宅，取八之成數，是三八為朋之局；三為生數，八為成數，亦為一生一成之局，配合極為美且自然。另二十八宿之房宿在乙位，且連氐宿，除係天子佈政之宮，亦為后妃之府，又名曰天馬，主車駕武備之事，且主大將軍之位，掌管軍政大權，號令三軍。若能配以形勢得當，宅內之人，必出武才，而威震四方。

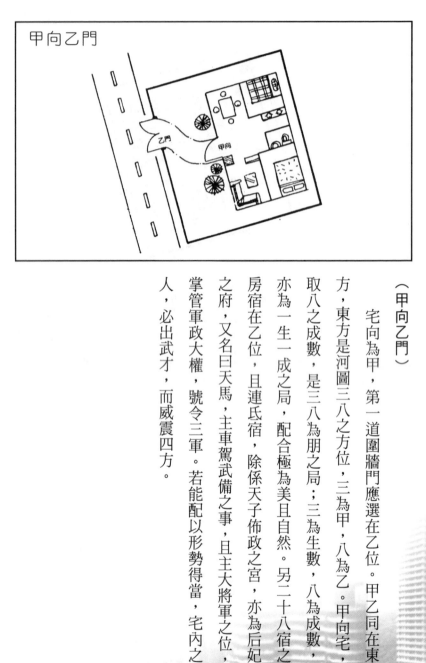

（庚向辛門）

宅向為庚，第一道圍牆門應選在辛位。庚辛同在西方，西方是河圖四九之方位，四為辛，九為庚。庚向宅，取四之生數，是四九為友之局，四為生數，九為成數，為一生一成之局，配合極為美且自然。另二十八宿之胃宿在辛位，胃宿為五穀之倉，亦為文章之府，若有形勢配合得當，必主其宅五穀盈倉，並出賢人而學術卓越。

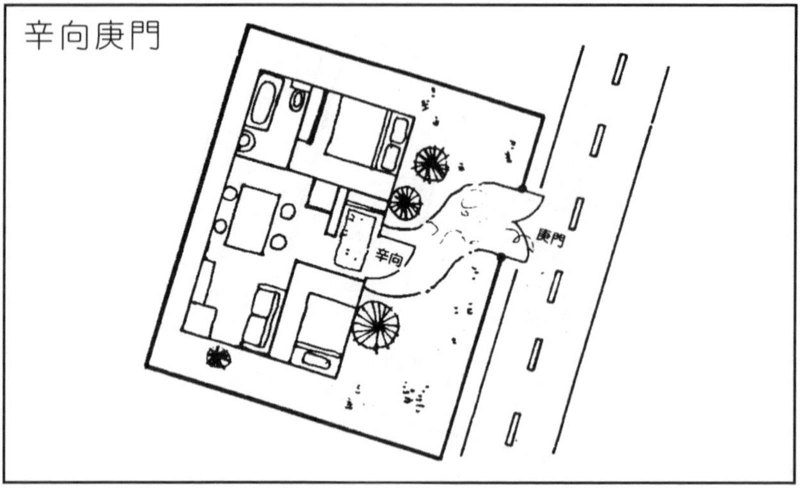

（辛向庚門）

宅向為辛，第一道圍牆門應選在庚位。庚辛同在西方，西方是河圖四九之方位，四為辛，九為庚。辛向宅，取九之成數，亦是四九為友之局，四為生數，九為成數，亦為一生一成之局，配合極為美且自然。另二十八宿之觜與畢在庚位各半，兩宿主邊兵，行軍之府，葆旅收斂萬物，若有形勢配合得當，主其宅五穀豐熟且有軍威，兵多將勇，能在邊防得勢建功勳。

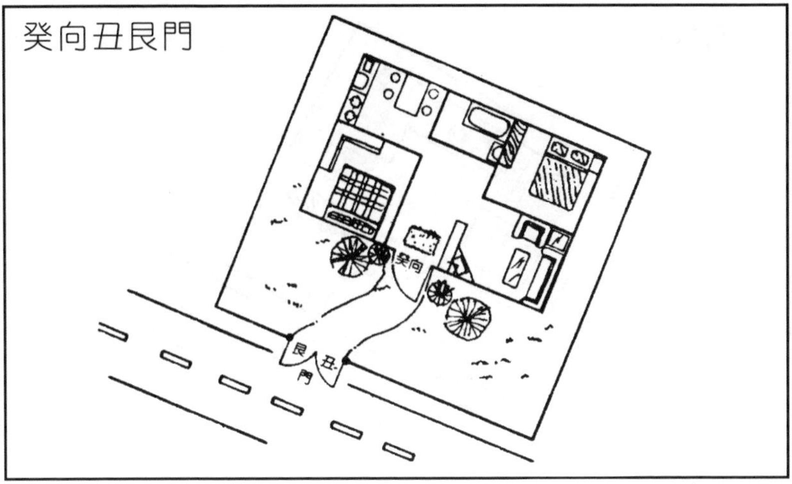

（大門與宅向不配合）

河圖生成四局，若配合不得宜而夾雜左右宮位，成為破局，則變成吉祥不驗，反而招來禍端。

（宅向癸配丑艮門）

宅向癸，誤配右前方丑或艮位之大門，因癸屬陽，丑艮屬陰，陰來破陽，陰陽駁雜，尤以丑與癸為隔宮差錯，丑又為地元，故凶重，宅內之人，出狂妄、固執、悖逆無禮，多劫盜，車禍，火災，肺病出血。五行為火，其星曰廉貞，燥火剛烈急躁，其性使然。若配艮，也是陰來破陽，陰陽破局，主宅內人心性頑劣，做事狂妄，男為鰥，女為寡，主好淫亂，身體殘廢，吊縊死。五行為土，其星曰祿存，性為孤曜。

壬向亥門

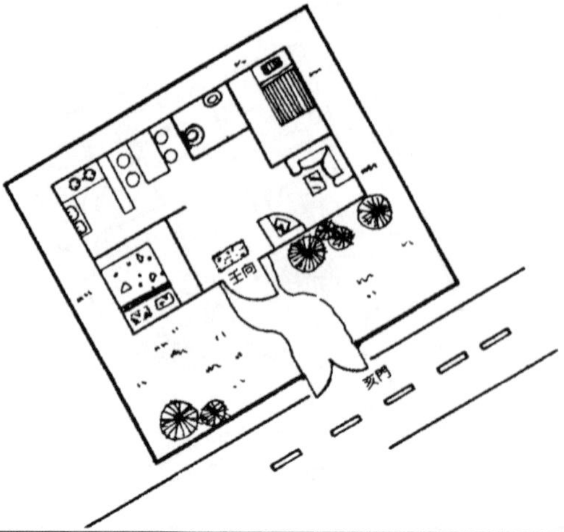

（宅向壬配亥門）

宅向壬，誤配左前方亥位之大門，亥屬陰來破陽壬，陰陽破局。又因壬納於離，離之八煞為豬，豬即是亥，亥為壬之八煞。八煞大門，其凶難當。其五行為水，其星曰文曲，性遊蕩，主宅內之人貪酒色，好賭博，退財欠債，遊手好閒，流落他鄉，多虛偽欺詐，患眼疾、中風、跛足、水厄等疾病或凶死。若配右前方子位大門，均屬為陽，合局為吉，唯潛藏好美色，男子貪美色之情不可免。如善於運用而不逾矩，則於社會，能獲得眾人之扶持愛戴，致而能當議員之類的職務，或影藝名流，成為公眾人物。

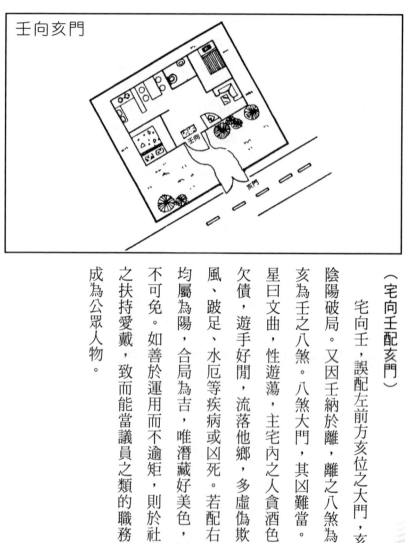

甲向卯門

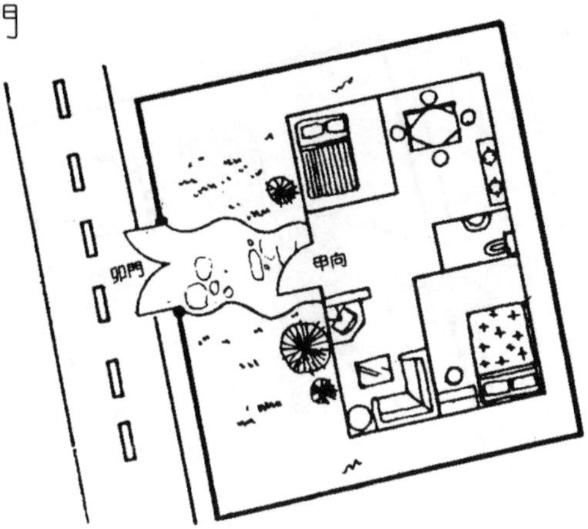

（宅向甲配卯門）

宅向甲，誤配右前方卯位之大門，甲屬陽，卯屬陰，陰來破陽。其星曰祿存，又曰天罡，五行屬土，主宅內之人，有凶暴性格，好爭訟，小則偷竊，大則進而盜劫。身體會聾且啞，人丁薄弱，甚至會絕嗣。

卯屬桃花地，卯來門路，即桃花氣入宅，因與宅向不配，故有桃花劫之災禍，會有外人來宅，發生淫亂之事，致使門風敗壞。

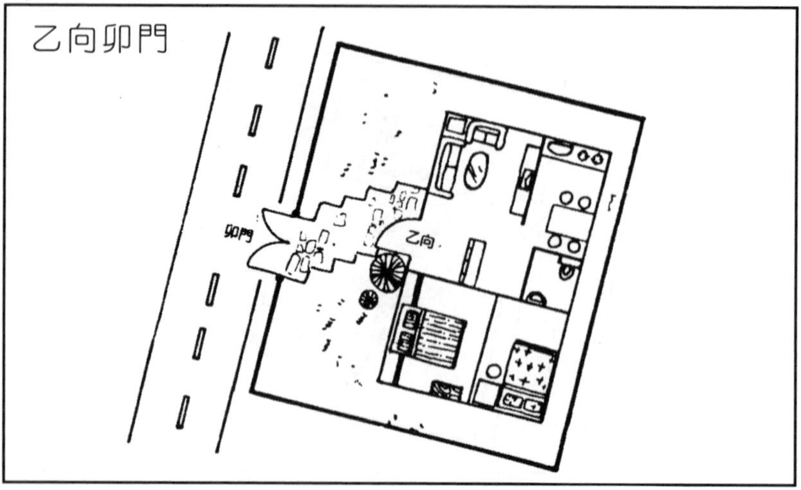

（宅向乙配卯門）

宅向乙，誤配左前方卯位之大門。乙屬陽，卯屬陰，陰來破陽局。因宅向乙納於坤，坤之八煞為兔，兔即是卯，是為八煞門，其星又曰廉貞，故其凶禍甚重。星性屬火，主宅內之人，個性狂戾，悖逆固執，凶暴而出盜賊，擄人勒索進而撕票。有火災之殃，車禍、服毒而死亡，重妻剋子。

震卦之甲卯乙方，若遇到七赤管運大煞所臨之方，其所產生之凶禍更烈，因匯集八煞，陰陽破局，元運大煞之凶於一方，故應避開，否則，凶禍銳不可當。

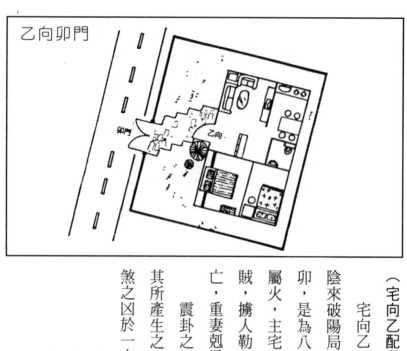

丙向午門

（宅向丙配午門）

宅向丙，誤配右前方午位之大門。丙屬陰，午屬陽，陽來破陰局。其星曰廉貞，其性火烈，有火類之災禍。主宅內之人有血疾，肺病吐血，以及瘟病之類傳染，火災車禍出血而亡。又因午是四桃花地，男人多為好色好淫之徒。另丙為地元，配天元之午門，雖同在離卦，其地元不可兼天元之病，即為同宮差錯不可免，會有房分不均，出不父不子悖理之人。不可不慎重。

（宅向丁配午門）

宅向丁，誤配左前方之午位大門。丁屬陰，午屬陽，陽來破陰局。其星曰祿存，五行為土，犯孤曜，主宅內之人，會有男為鰥女為寡之情形，久之會絕嗣。身體殘廢，女性會難產。又因午是四桃花地，男人必然好色好淫，最後導致其妻怨恨而縊亡。

丁為南極星所居之所，主長壽，因受陽午之破，健康壽命因而受剋，會有犯病之象，而醫藥罔效。犯之，必須將其門改在丙方，其病必除也。

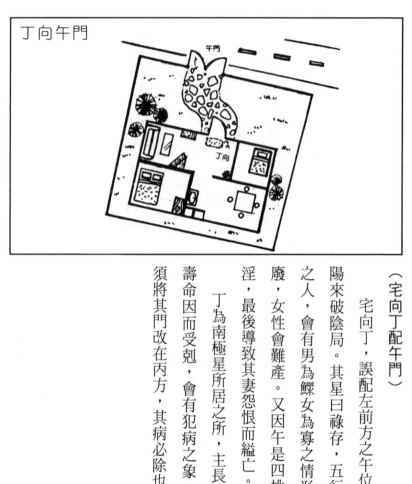

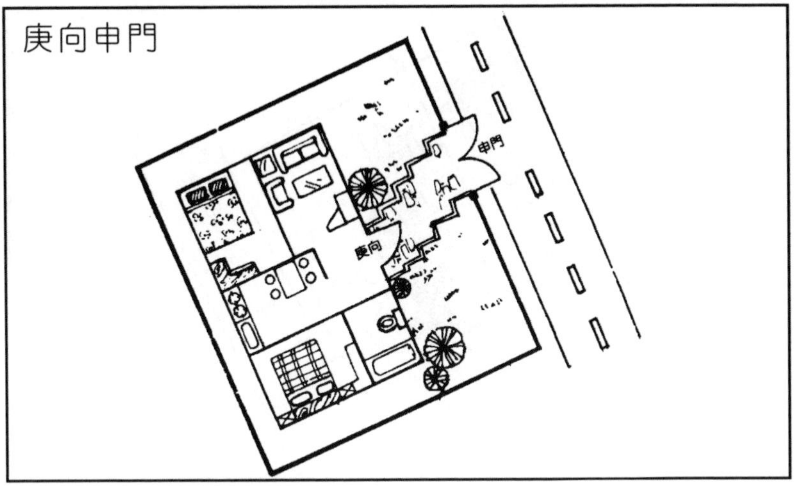

（宅向庚配申門）

宅向庚，誤配左前方申位之大門。庚屬陰，申屬陽，陽來破陰局。又因庚納於震，震之八煞為猴，猴即是申，申為庚之八煞，庚向申門是謂八煞門。另庚為地元，申在坤宮，為隔宮之差錯。所以不僅陰陽破局，八煞門路，且為地元配他宮人元，其凶更重，其星曰破軍，五行屬金，其性威利肅殺。犯之者，性主凶暴，強盜、殺戮、走私槍械，喜爭訟，出聾啞之人，丁少而後絕。

門改辛方，為淨陰合局，且為一生一成之局，丁與財無匱乏。

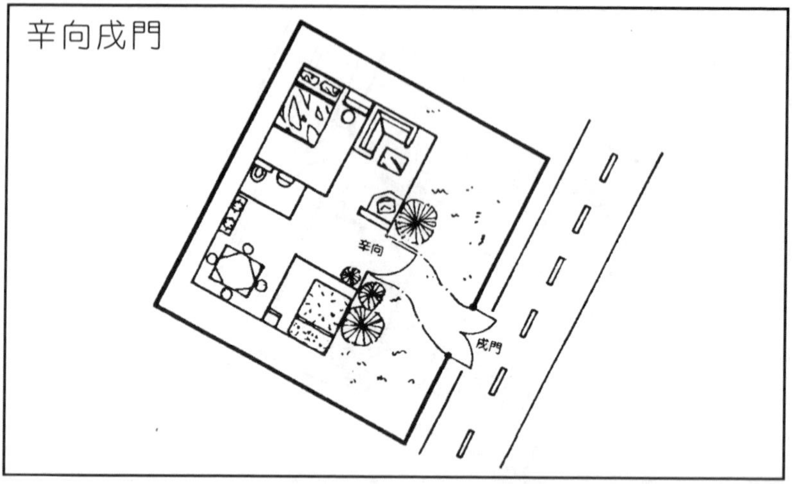

辛向戌門

（宅向辛配戌門）

宅向辛，誤配右前方戌位之大門。辛屬陰，戌屬陽，陽來破陰局。且戌屬乾宮，犯不同宮之差錯。因戌是地元辛為人元，故不可戌門配辛向，犯之，其星曰破軍，主宅內之人，性情暴逆而凶殘，喜持槍械殺戮並盜賊，若不是，則會身體殘缺，聾且啞。

若改門在酉，酉辛雖屬淨陰，唯因宅向辛納於巽，其之八煞在雞，雞即是酉，亦犯八煞門之禍。如遇元運在此宮，凶即可減威，運去凶禍旋踵而至，女人並犯桃花之厄。

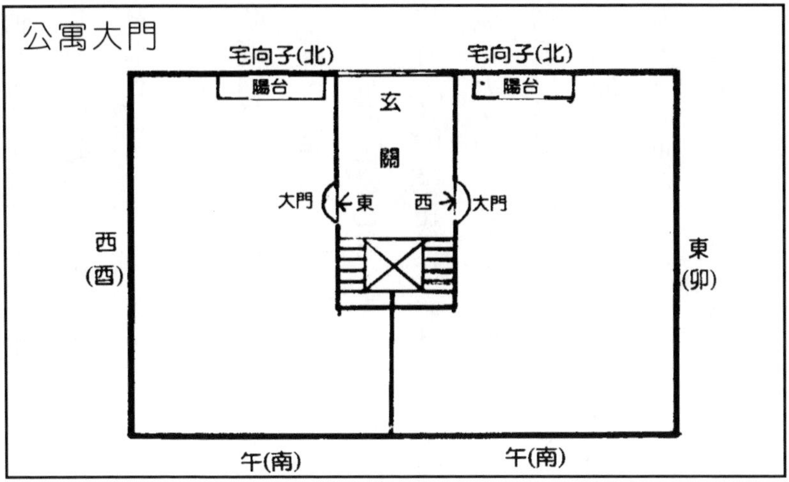

二、單大門安法

住宅在一樓或平房或二三樓之透天厝，如果沒有做圍牆或無法做圍牆，進入大廳的那道門便是這個宅的大門。門只有一個，這個大門就無法像有二道門，可以互相配合。而宅向與門向即成為同一個方向，氣就從這單一的大門進來。因為沒有圍牆門，所以進來的氣夾著多個方位，陰陽混雜，沒有像二道門得以配合得純淨，納氣專一。單一大門沒有配對的問題，只得靠宅向了，宅向朝哪方向，門所納的氣就是哪一個方向；宅向好，門納的氣也就好，宅向不好，納的氣也就不好。所以單一大門的住宅，要特別注重宅向的選擇，就是宅向要如前所說，不可兼向的，要單一向為吉，另外最好要選擇當值的天心正運的宅向，至少也要值元的宮運，才有助力，才算是個旺宅。單一大門的宅，要靠當值的旺運，否則，既使門外形勢不錯，很難在宅內有所作為，想要有所收穫，只得靠其他條件了。

如果選得當值旺運的住宅，宅門必定要能使旺氣順暢引進宅內，其中不可有阻擋，以免防礙納氣。旺氣經阻擋，不是減弱，就是因方位變而變質，因為氣是不會轉彎的，這點要特別提醒，免得誤用，以致無效。

當值旺運之宅，單一大門其門位，應該選擇安置宅之中央。例如午向宅，當天心正運所值時，其門應在午位並且是立午向，絕不可偏左方，因午之左方即變為丙位而非午，也不可偏右方，因午之右方即變為丁位亦非午；另外雖午向宅立午位大門，必須宅向午方不可置器物或以屏風阻擋，否則，午氣受阻無法進入，致納不到午方位之旺氣。同時並要使宅內與宅外地面，落差不可過大，若宅外地面低於宅內落差過大，則氣亦無法引入。不但旺氣無法引入，氣反而外流，財亦往外洩出，不吉反凶。氣不但要引入宅內，而更要引入臥房中，要引入臥房，宅內之佈置與臥房，則必須規劃得當，才能迎之。否則，雖吉宅不能吉住，也無法獲致祥福。

單大門的住宅，要視宅內面積大小。面積大，門要稍微大一點，納氣才厚足。面積小，門若過大，則不蓄氣。門的大小總要配合宅內面積大小，使之大小適中，配合納氣厚與薄的道理，才為至吉。

二、高樓公寓大門

城市裡高樓住宅或公寓住宅，進入宅內之大門，都由原設計建築者所定，二樓以上住宅之大門，即使不理想，也不大可能變動。絕大部分進入宅門之前，都有個樓梯或電梯出來的玄關或通道，使進宅之大門，形成一個無直接連外的封閉式大門，則氣的出納，僅靠人走動而帶動，納氣量沒有客廳落地門窗來得直接和充足。因此，這道門雖是宅的重要動點動線，其納氣量相對地比起落地門窗薄些，沒有直接外氣的關係，只能與落地門窗所結成的動線，共同產生影響，配合全宅論其動靜陰陽。該動就選擇動，不該動就選擇不要動。如何辨別該動與不該動，那就要配合元運，當旺運之方位，可使其動或形成動線動脈，加重其動的份量與作用，宅就能趨吉。反之，若元運之煞氣方位，為宅之大門或形成動脈，動了凶，必然會不吉利，影響事業發展，或身體健康受影響。「動」為吉凶之源，不可不辨。

例如坐午向子的住宅，一層雙併分為兩戶，樓梯或電梯在兩戶中間，入宅之大門分設在樓梯玄關兩邊，一戶由東方震卦進入宅內，另一戶則由兌卦進入宅內，兩戶宅向雖同為向子（北），門位卻一在西一在東，完全相反，門位不同其動點動線，當然不同，東西各有別。子向配兌卦（酉）大門，在理氣上剛好有先後天之合，先天坎在後天兌位，納氣不發生衝突，若兌卦能值當元之旺運，則動在旺運方位，吉祥定必然的。而另外一戶宅向乃是向子（北），大門開設東方震卦位，震卯與坎子理氣不合，納氣不順，若震卦又為元運當值之煞方位，理氣不合又逢煞氣，其不為凶必然是不可能的。同一層樓兩戶住宅，因宅門動線不同，吉凶也就因此而有分別。

第三節 臥房選用法

陽宅的臥房，因為人在此睡覺養息的時間很長，約佔一天廿四小時的三分之一，有七八個小時，而且臥房安置是否得宜，直接影響睡覺的狀況，睡不好，精神體力就差，睡得好，精神體力就好，所以臥房就是人身體健康的關鍵。人無健康的身體，錢財萬貫也無法消受；位居高官也無法勝任，遑論為萬民服務。所以有健康的身體，擁有錢與權，才能相配合而產生效用，貢獻社會。臥房關係人之健康，其選擇安置就格外重要。

一、主臥房安置法

主臥房是一家之主歇息場所。宅主是家庭經濟來源，生活的重心，臥房更是孕育下一代的地方。子息胎養，同受臥房納氣的感應，感應得吉，子女的先天秉賦自然就好；感應得凶，先天秉賦自然就差，所以，主臥房一定要選擇得非常吉利。

一屋一太極，主臥房視為一太極，一個獨立個體。單獨的論，臥房以床鋪為主，床鋪以人睡覺心臟的位置為中心，來討論人在睡覺時，收納的是何方位的氣，配合是否得宜，心臟的位置也是用來格羅經的位置。臥房納氣有二處，一處為接納外氣的窗戶，一處為配合外氣的房門，這兩處一吸一呼，是呼吸之口。不過有的臥房，也有二個窗戶以上，窗戶多雜氣也多，在堪輿來說，不見得是好。

臥房向外吸納二種外氣：一種為自然之空氣，一種為自然之陽光，空氣與陽光是人維持生命重大要素。空氣與陽光在自然界，沒有吉凶之分，只因經過陽宅而有方位，經方位而入之空氣與陽光，才因而產生吉凶，所以臥房床鋪所納的外氣，係屬何方位，而後房門如何配合，是為臥房吉凶之所在，吉凶要視八卦理氣，是否配合，其最有效應理氣分述於後：

（合先天理氣）

先天理氣最吉利最有效應者，要優先引用。

乾坤定位

雷風相薄

山澤通氣

水火不相射

八卦均要取卦之中氣、即乾卦中之乾位，坤卦中之坤位。雷為震，取震卦中之卯位。風為巽，取巽卦中之巽位。山為艮，取艮卦中之艮位，澤為兌，取兌卦中之酉位。水為坎，取坎卦中之子位，火為離，取離卦中之午位。

八卦中先天理氣這四式之所以為吉，乾為天為老父，坤為地為老母，老父配老母乃天地正配；又乾屬陽，坤也屬陽，得淨陽純清之配。震為雷為長男，巽為風為長女，長男配長女，乃為夫婦之正配，又震（卯）屬陰，巽也屬陰，得淨陰純清之配。艮為山為少男，兌（酉）為澤為少女，少男配少女，乃是少夫婦之配，艮兌（酉）均屬陰，得淨陰純清之配。水為坎

（子），火為離（午），坎為中男，離為中女，中男配中女，是中夫婦之配。子與午均屬陽，得淨陽純清之配。此四式乃天地男女之正配，互為相得之美，又皆淨陰淨陽，合理之至，故能得吉。實際應用法，以下列各圖示說明之：

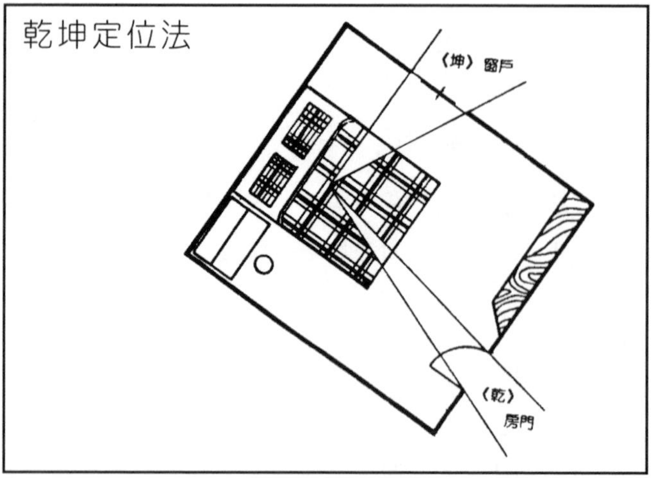

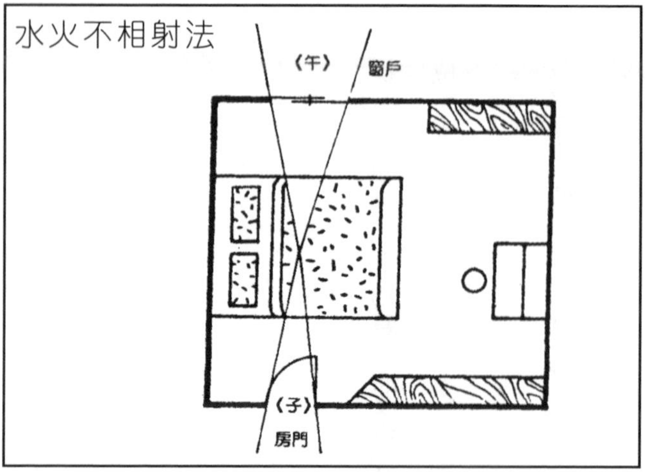

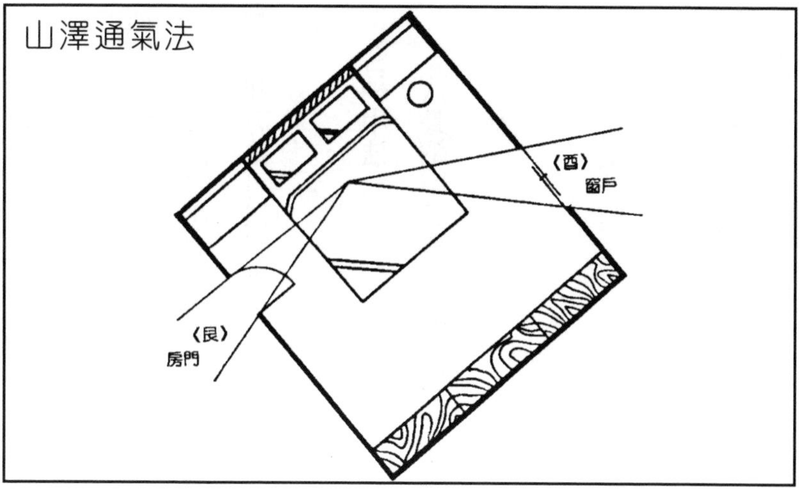
山澤通氣法
《酉》
窗戶
《艮》
房門

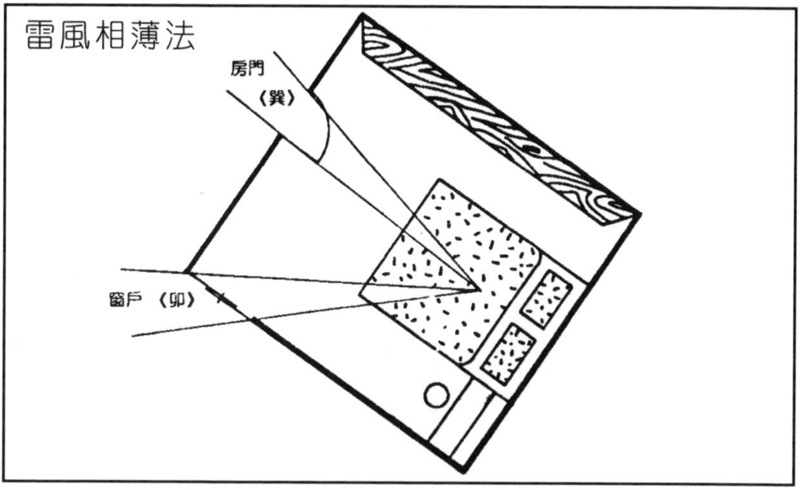
雷風相薄法
房門
《巽》
窗戶 《卯》

前列四法，收外氣窗戶與配合之房門，方位可以互為變換，視實際臥房格局為定，如乾坤定位法，收外氣的坤位，因格局的需要或變化，可以變乾為收外氣，坤做為房門配合。其他之法也一樣，均可互換，均非常吉利。

城市裡的住宅，空間相當有限，有時候要配合前述四種方法，可能不容易，因此，還有第二種方法可以引用：

（合納甲法）

八卦納甲原理，前章已詳為說明（請參閱前章），茲不再贅言。納甲方法，即是：

乾納甲

坤納乙

震納庚

巽納辛

艮納丙

兑納丁

納甲為卦之同質性，能互通而無往不利，也是卦氣中最和諧最順暢之理氣。另又因均合淨陰淨陽，如乾甲均屬陽，坤乙均屬陽，震（卯）庚均屬陰，巽辛均屬陰，艮丙均屬陰，兌（酉）丁均屬陰。臥房納氣若配得此六式，亦非常吉利。以下列各圖示說明之：

乾納甲法

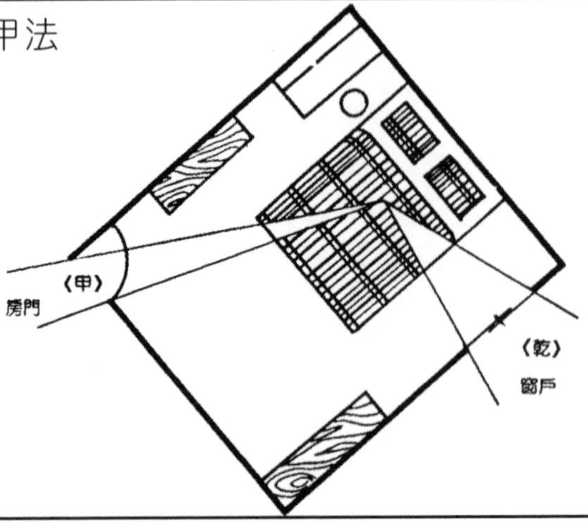

坤納乙法

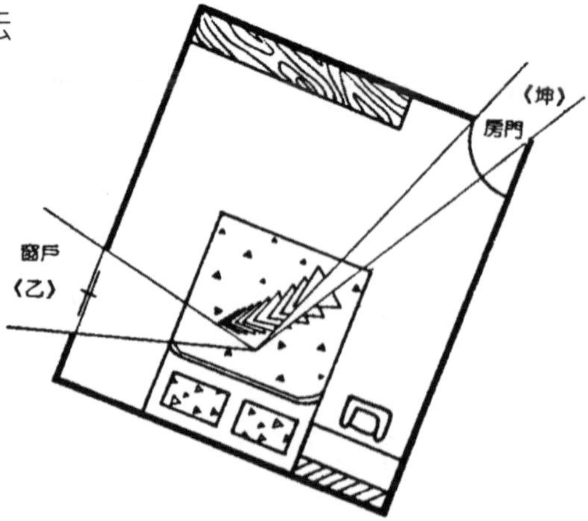

震(卯)納庚法

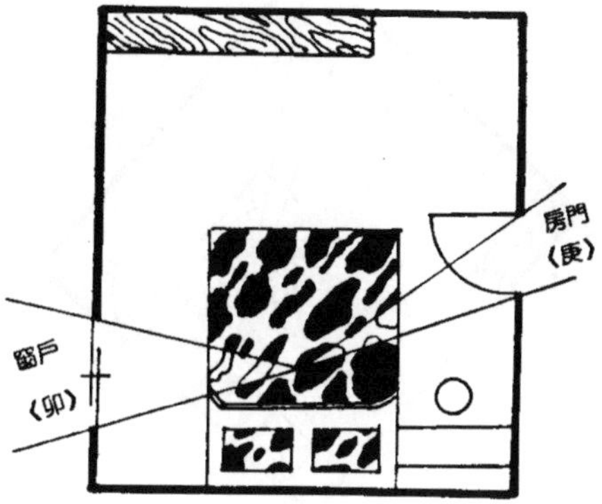

巽納辛法

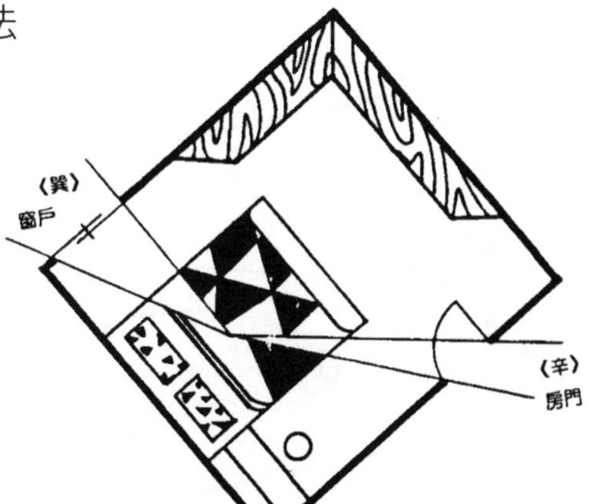

艮納丙法）

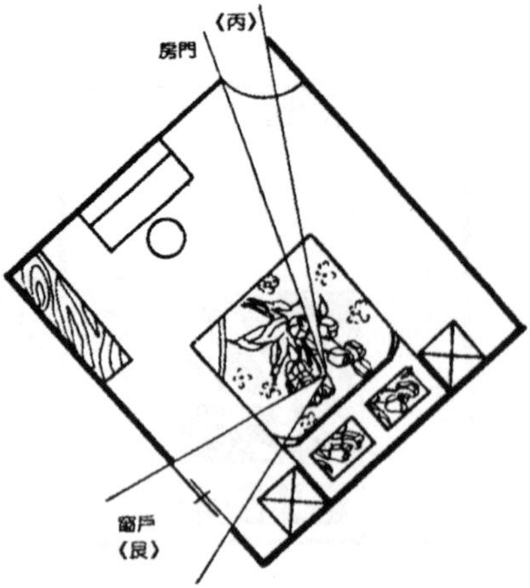

兌(酉)納丁法

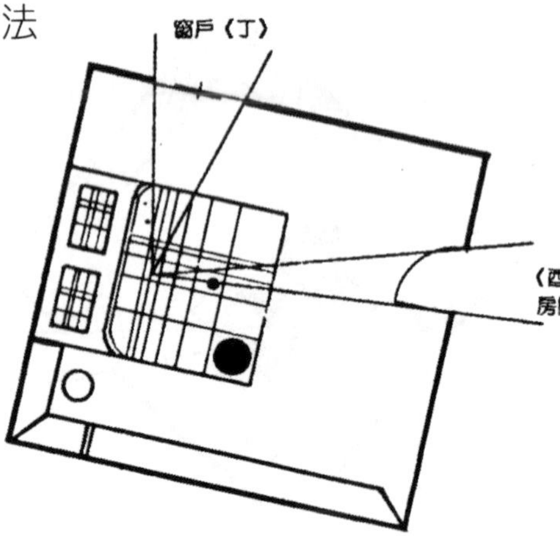

（合先後天相通法）

先天八卦與後天八卦位置重疊的卦，即是先後天相通的道理。因為後天卦走由先天卦所演變而來，先天卦為後天卦之根源，後天卦氣自然有先天體之本性，故能通根。例如坎卦先天在後天兌，兌卦先天在後天巽，巽卦先天在後天坤，坤卦先天在後天坎，震卦先天在後天艮，艮卦先天在後天乾，乾卦先天在後天離，離卦先天在後天震。如此先後天自然有互通之義，後天卦為用，先天卦為體，是故體用合一。

坎 ↕ 兌
離 ↕ 震
巽 ↕ 坤
震 ↕ 艮
艮 ↕ 乾
乾 ↕ 離
兌 ↕ 巽

坤 ↑↓ 坎

八卦先後天互通和合，均取卦之中氣為用，如坎卦取中氣之子與兌卦中氣之酉相通，離卦仍取午與乾卦之乾相通，巽卦取巽與坤卦之坤相通，乾卦取乾與離卦之午相通，兌卦取酉與巽卦之巽相通，坤卦取坤與坎卦之子相通。

先後天相通之理氣，有的不能配合淨陰淨陽，例如兌卦之酉屬陰，而坎卦之子屬陽，一陰一陽相通有違淨陰淨陽的理氣，不過不忌諱，因為先後天相通之理氣，勝於淨陰淨陽之理氣，應先考慮適用先後天相通，而淨陰淨陽列於後，有先後輕重之序，先者應先考慮引用。

實際應用法，以下列舉二圖以示說明之，其餘依法倣之即可，不再贅言。

坎與兌相通

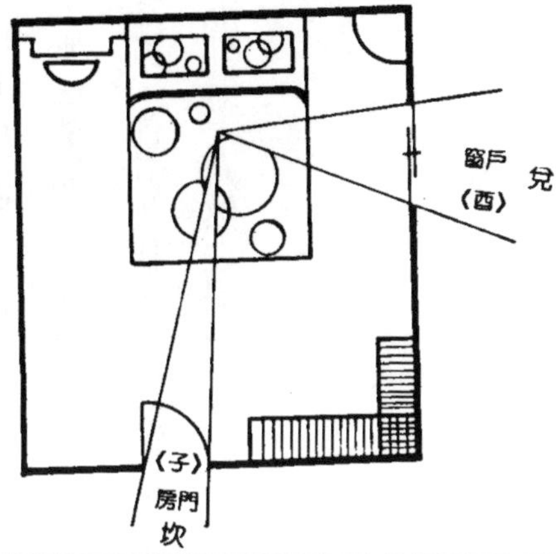

乾與艮相通

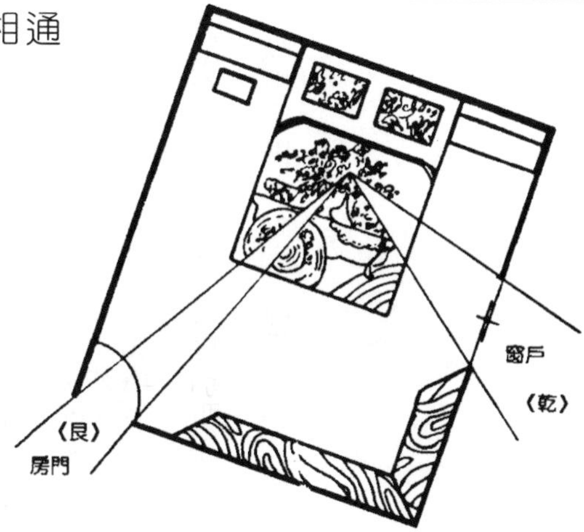

（臥房納氣迴避八煞）

臥房以收納從窗戶進來之外氣為主要氣口，如同宅之大門。一般城市裡之住宅，室內空間均不是很足夠，臥房擺設床鋪很容易靠近窗戶，甚或限於格局，床頭緊靠窗戶，這樣最不好，因為床頭緊靠窗戶，以人臥睡心臟位置來看，收納窗戶外氣，夾雜著諸多方位，好壞混雜，無法納氣專一純清，久而久之受雜氣的影響，自然反應在人與事上，也就好壞滲雜，隨波逐流，任其起伏，而要順序漸進，平步青雲是不可能的。尤其特別要注意，不可以接收到八煞外氣，八煞之禍害，非常凶而快速，其凶禍與大門八煞同論斷，應規避。

壬亥八煞氣窗

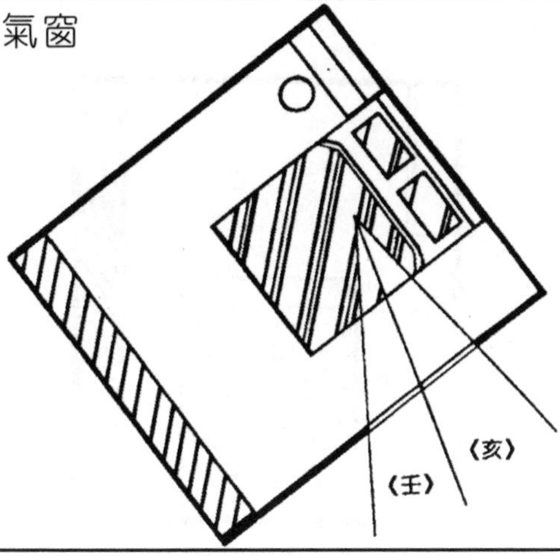

艮寅八煞氣窗

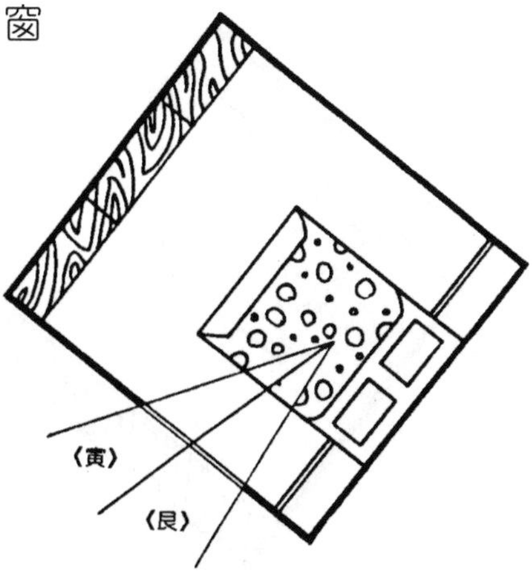

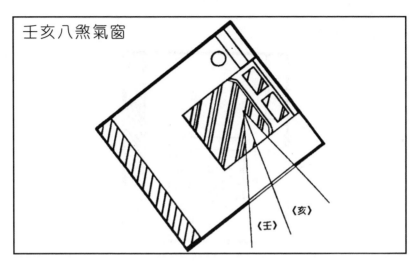

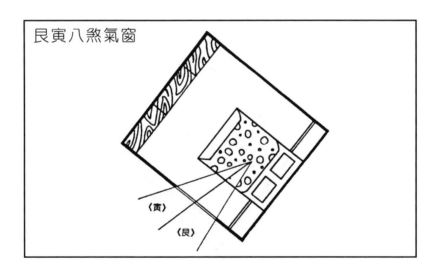

乙卯八煞氣窗

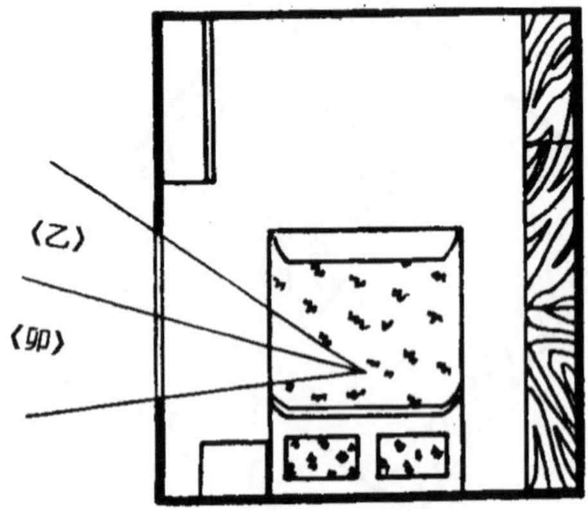

庚申八煞氣窗

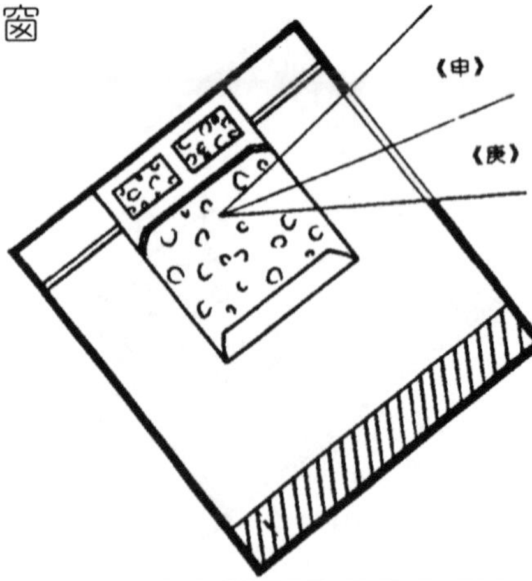

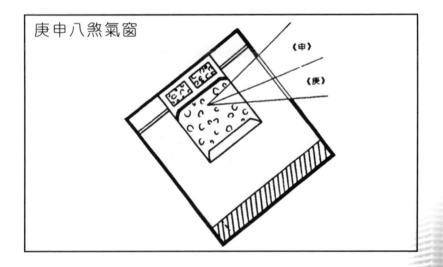

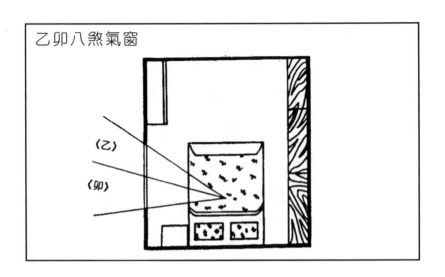

辛酉八煞氣窗

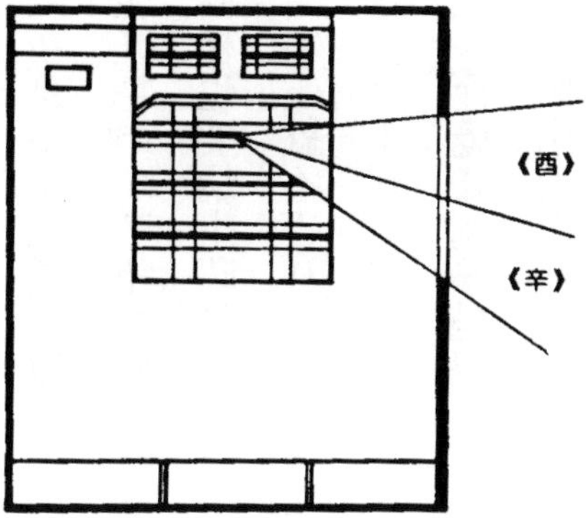

上列五種八煞氣，一不小心很容易接納到。窗戶大而臥房不夠寬敞，床鋪佔全部臥房大部分，人在床鋪上所收納窗戶進來之外氣，常會夾著其他方位，像前列五種：壬亥、乙卯、艮寅、庚申、辛酉均因二個方位都緊挨在一起，很容易同時收納到。如果遇到此種情形，應將不要的，其中之一位予以遮擋。用深色或阻光性能強的窗簾，遮去不能配合房門的方位，使其不再夾雜煞氣，納氣純淨，則煞氣可除，才得吉祥。

（臥房外氣合元運）

臥房收納外氣，要配合理氣。理氣按先後順序選用，還要規避雜氣煞氣。要使合乎理氣的外氣，更能啟發動力，扭轉人的因緣，開創新的機運，必須更要有現今當值之生旺氣運。生旺氣運即是天心正運。尹一勺曰：「家之興衰以臥房為主。生旺氣層層引入到內，雖處衰宅出入多亨泰；死氣若層層入內房，縱居生旺宅中，反主迍邅。」一勺子指出，雖居住在當元之生旺宅中，若不能將生旺氣引入宅主的臥房內，則反而遭受到不吉。宅納生旺氣，宅主臥房同樣也要納生旺氣。因為宅主睡覺養息之房，納不到生旺氣，宅主就不能受生旺氣之感應，對宅主就不吉利。此即所謂「吉屋凶住」。

當值之生旺氣運，如何納法？試舉前述納甲法為例：主臥房從窗戶所納之外氣，如從乾方位來，而乾如剛好是現在當元之生旺氣運，這樣就是一勺子所言，生旺氣引入到內了（其餘方位比照引用即可）。

（元運加強法）

臥房收納之當元生旺氣運，喜見動，動吉則吉，越動越吉。如遇大門方位有生旺氣，因門為人走動之處，自然可以加重其動的能量。臥房的窗戶則不是人走動的地方，如何使之加重動感？可在窗戶有生旺氣之方位，加裝冷氣機。冷氣機因馬達振動，就有加重動感之作用。經實驗後確實可增加效力，是為秘訣。

另外生旺氣方之窗戶玻璃，一定要用白色。玻璃有顏色，會阻礙光線。更不可用帷幕封閉式玻璃，因旺氣進不來，不吉反凶。旺氣進入的方位，其外面要寬廣，免得阻礙以致力道減弱。或其來路應長，長者氣厚足，短者氣薄弱。旺氣從窗戶進來，也要使窗戶外之棟距，愈遠愈好，也是取其遠而氣足之緣故。睡覺時窗戶最好能常開著，以便旺氣能順勢進來。尤其夜間，可令旺方之月、星等太陰之光，直射而入抵達床上，是則力量更厚重更有效。筆者不藏私，特此公開，分享予本書讀者。

第四節　子女臥房書房選用法

現代人對於子女教養，非常重視，所花費的心血，可說無法衡量。比起過去所付出之代價，不知要高出多少倍，可是效果也不見得會較好，青少年問題仍然一大堆。尤其現在工商業時代，父母忙於事業，很難能裡外兼顧周全。加上外界的誘惑，子女年少容易迷失誤蹈歧途，父母得意事業之餘，難免有遺憾。對於子女教育升學，更是不遺餘力，從幼稚園開始、小學、中學、大學莫不竭盡心力，照顧無微不至，盼望求學順利，最後擠進理想大學，甚至研究所或博士，都是追求目標。可是求之者眾，成者幾稀？

想要子女升學順利，除本身資質努力外，那就要用陽宅的方法，協助子女順利進入好的中學，再進入大學完成高等教育。陽宅的方法就是在自己住宅裡，選擇一間好的臥房或書房，讓他能安心讀書，是非常必要的。心情浮躁，定不下心來，是讀書最大的障礙。

要使子女能安心定心讀書，非有良好臥房書房不能奏效，即是合乎陽宅理氣的臥房書房，有明顯的功效。主臥房既然是宅主吉凶禍福的關鍵，子女的臥房當然也是子女教育成敗的主因。其選擇方法，仍然依照宅主臥房的方法，床鋪安置接納外氣，要合乎八卦理氣，第一要先合先天理氣，第二要合納甲原理，第三要合先後天相通道理，第四要規避八煞氣，其用法可參照主臥房的圖示說明。

書房的選擇，最好能在住宅的文昌位，做為書房最為吉利。書房及臥房同在文昌位，可以幫助子女求學順利，尤其在最關鍵性的升學考試，例如國中生升高中的入學考試，高中升大學的聯合考試，或者大學升研究所時，這些重要考試，最具影響。很多人平時成績很好，各種模擬測試，都非常理想，但是往往在這一關鍵的升學考試，出現失常甚或落榜的意外，使學子遭受重大挫折，父母則感失望。這種出意外的現象，用陽宅方法可以獲得解決。

其方法是將子女的書房及臥房，選在文昌方位上，然後窗戶外氣與房門要配合八卦理氣。如此，學子的心就能定下來，專心在課業上，考試沒有不順利的。這樣方式，經屢試屢驗。

如果收納的外氣能再得到當今生旺氣，更會加強其作用，考無不中。更有平常成績不可能上理想學校的，而意外的中榜，確實有其靈驗。為人父母者，何不一試？

至於文昌位選擇，有一定的方法，為使讀者簡易明瞭，茲將八個方向的住宅，以圖示方式說明，每一住宅有九個方位，圖中以學士帽表示的位置，即是文昌方位。

八個方向住宅的文昌位，如前各圖所示位置。住宅的宅向如朝南，文昌位在東北方位。宅向朝東南，文昌位在東方位。宅向朝東，文昌位在西南方位。宅向朝東北，文昌在西方位。宅向朝北，文昌在南方位。宅向朝西北，文昌在中央。宅向朝西，文昌在西北方位。宅向朝西南，文昌在北方位。

住宅的文昌方位，有其忌諱。不可做為儲藏室，儲存不用器物，且經常關閉，陰暗蔽塞，文昌黯淡，當然影響宅內讀書考試效果。另外最怕文昌方位，做廁所使用，因會污穢文昌，更會影響讀書升學考試。餐霞道人曰：「污穢文昌，永不科甲。」污穢文昌不但不科甲，升學考試意外落榜，連要調職升官，都會受影響而調不成，不可不慎。

子女讀書的書房或臥房，最好能選在宅的文昌方位，房內納氣又能得宜合卦理，最後如能納到當值之生旺氣，如此配合得當，子女的教養求學升學考試，沒有不順利完成的，沒有

(一)向南住宅文昌位

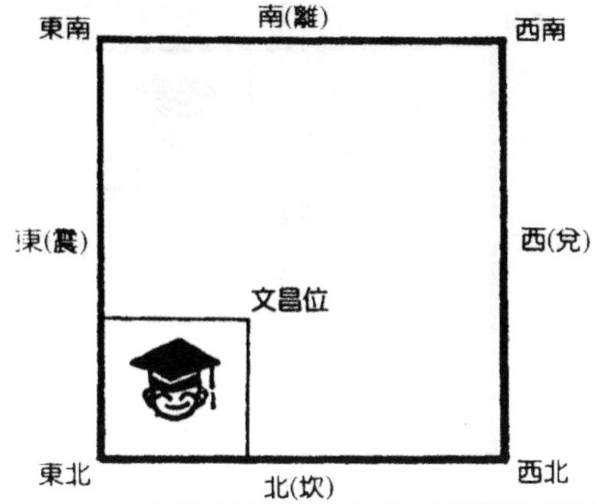

(二)向東南住宅文昌位

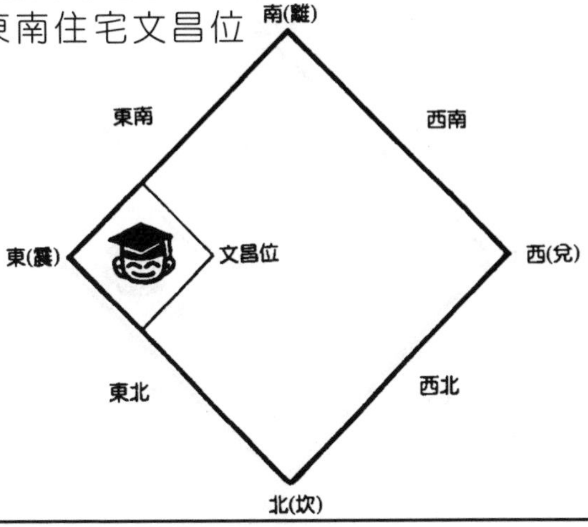

(三)向東住宅文昌位

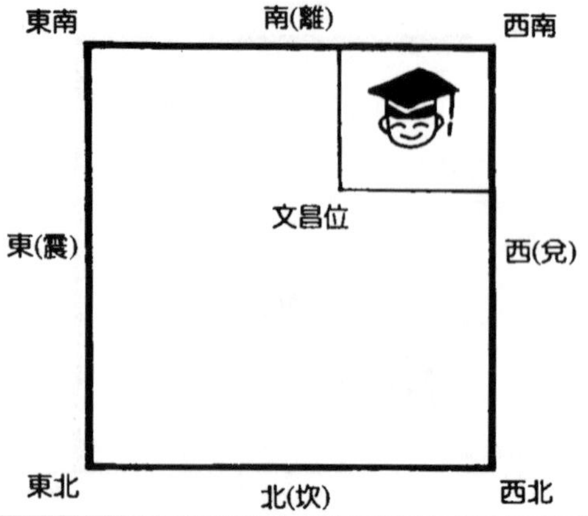

(四)向東北住宅文昌位

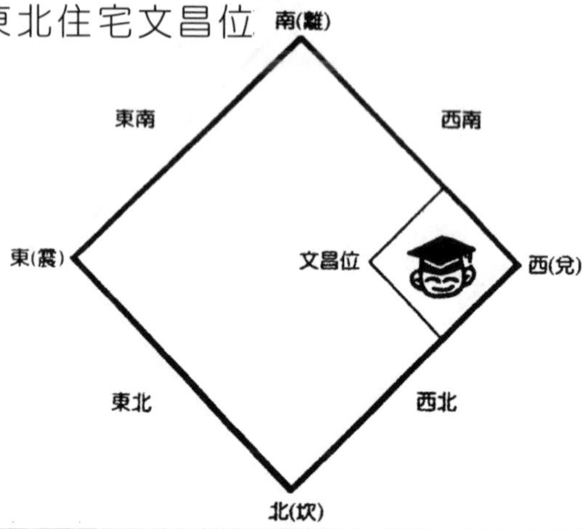

(五)向北住宅文昌位

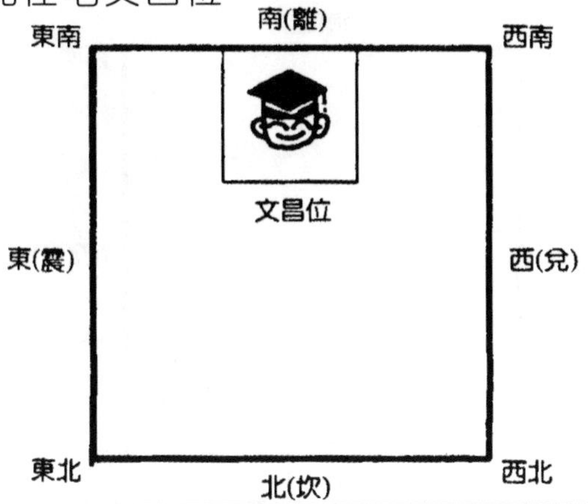

(六)向西北住宅文昌位

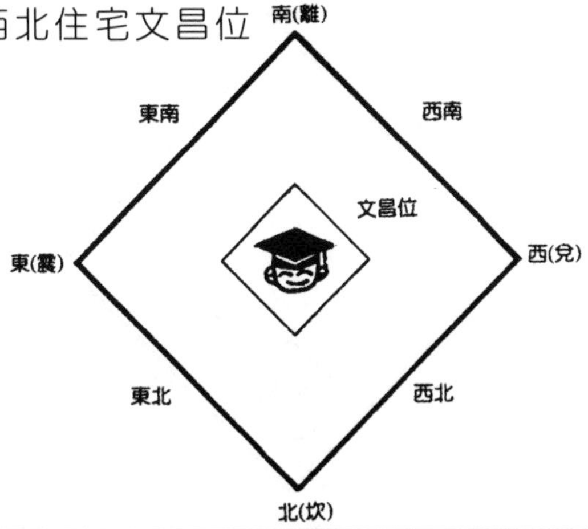

(七)向西住宅文昌位

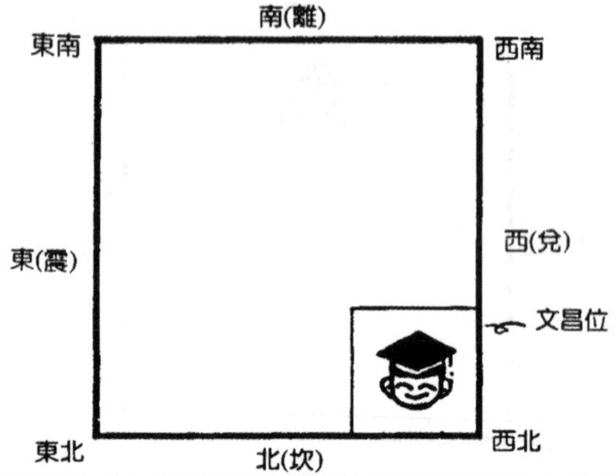

(八)向西南住宅文昌位

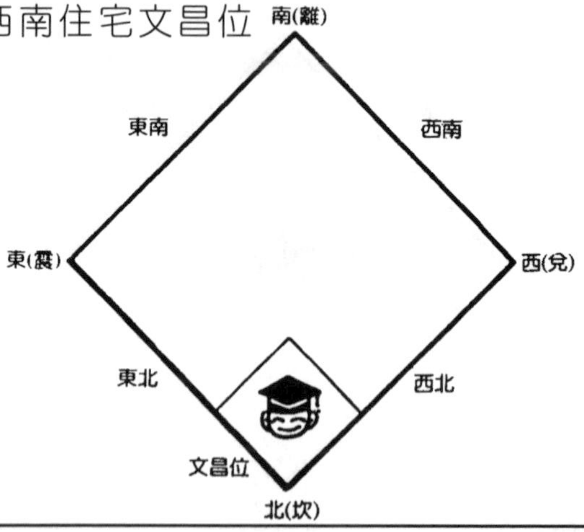

不如願以償的。如能這樣安排，不僅僅對子女求學考試，對於一般人求職就業考試，或困難度最高的各種高等考試，也同樣有其不可思議的奇驗。

最近台灣地區失業率，已高居百分之三，求職就業的困難度增高，工商業不景氣，很多人想往公家機關工作，可是要進入政府部門，都得經過普考或高考及格，才有可能進入。近幾年來，高普考的人數，已驟增到十幾萬人，錄取率僅百分之二、三，比大學聯考的錄取率低很多，顯示競爭非常激烈。在這樣競爭非常激烈的環境，屢考不上者，想要突破困境，一定要選擇最好的臥房及書房，以幫助順利達成心願。

第五節 神位香火安置

一般住宅常有安神位與香火的情形，因而受到相當程度的重視，也不得不提示。凡神鬼與人一樣，修行未到了脫生死的境界，還在生滅當中，仍然要受八卦五行生剋制化，因此與人同樣要受生滅，其神位與香火，就不得不慎重安排。尤其祖先的香火牌位，與其子孫有血緣關係，休囚或生旺對子孫有其相當影響，更要安置得宜。

神位與香火安置重在納氣，與人一樣同樣要納到專一不雜的旺氣為宜。正常的神位與香火，應安在正廳，與宅同樣坐向，很少在偏房，因此其納氣要比照宅向的選擇。宅向選擇，請參照前節，不另贅言。

第六章 陽宅納水法

山管人丁，水主財，求財致富以得水為先，
得水喜來不喜去，來要大，去要小。
水有動與靜，水性不動，唯以靜為貴。
納水法有多端，唯以生成為首要。

陽宅與陰宅同樣重視水。陰宅首重山脈龍氣，因為要維持較長時間，避免一發即衰，葬者即要乘龍的生氣。陽宅不需要重視龍氣，當選擇寬廣平坦地方，做為建築陽宅基地。陽宅不取地氣，以收天氣為主，納水為先，因為水從天，水性屬動，又屬陽，關係禍福應驗，非常快速。山管人丁，水主財，陽宅論財富，必定要先研究如何納水。

納水方法分兩部分，先要審視水的形勢，次要察看水的理氣。所謂水是指陽宅四周可以看見的水，如海水、湖水、池塘水、河溪水、溝渠水、平洋田水等，以看得見水面為主，看不見水面另論，看得見的水面，能反映水光照宅門。由於水的形勢不同，從形勢上可分為吉水與惡水，形勢善者為吉水，形勢醜者為惡水。形勢善者，指湖水池塘水深且清澈，最好能潔淨見底為善。河溪水溝渠水，能彎曲轉折，環抱有情，平靜圓淨，見來不見去，來大去小，均稱為美，為吉水。反之，如直沖斜飛反弓，均為惡水。形勢善者應以迎之，形勢惡者應以避之。

第一節 水之格局

一、朝水局

形勢善者以朝水局為最好，俗稱逆水局。陽宅朝水局有九曲水、倉板水、宅前逆水、宅前左逆水、宅前右逆水等形勢。

九曲水即宅前河溪水，從遠處經多個曲折轉彎，最後一節從宅前而入，並在宅前停蓄而後去，見水面平靜有款款凝聚之情。倉板水即平整水田，從遠處經宅前一層層微微傾斜而來，有停止在宅前之勢。宅前逆水即溪水或溝渠水，緩緩而入並在宅前囊聚，轉經屋後出去。

水性屬動，貴在於靜，因此朝水局均因水流經宅前而停蓄，只見來不見去，人立於宅門，見平靜水光反照。陽宅最喜納到朝水，均主宅內之人，驟發財富，又如能納得合理氣，可富得無以匹敵。陰陽兩宅最喜見此水，尤其是陽宅收天氣，並以納水為先，更應先注重朝水局。

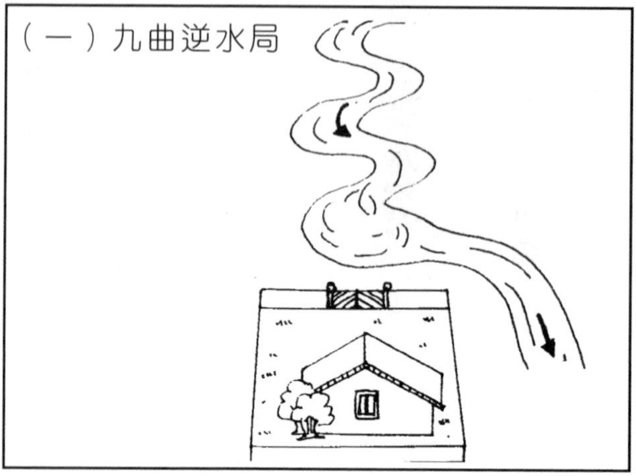

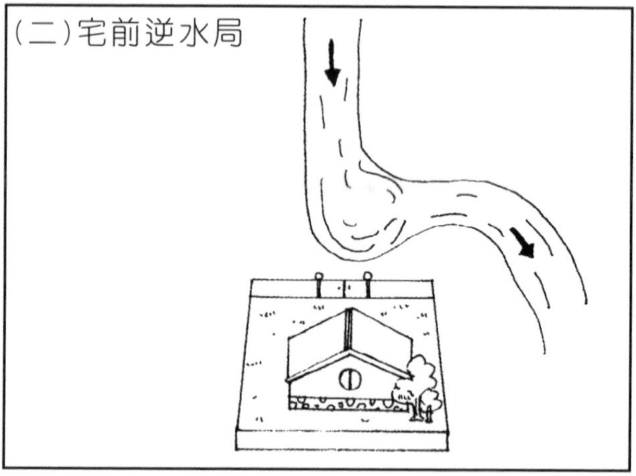

(三)右前逆水局

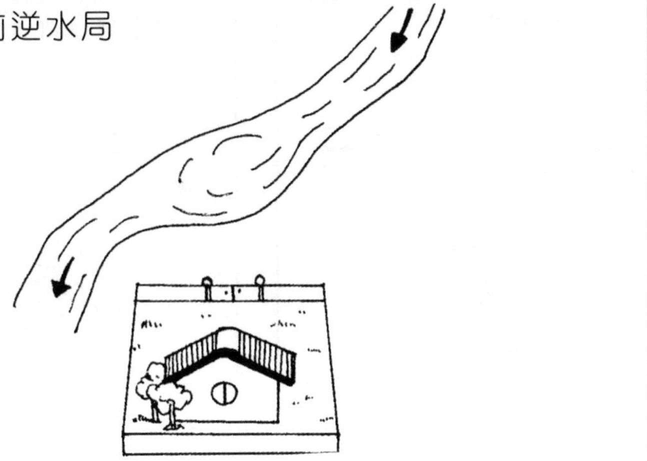

(四)左前逆水局

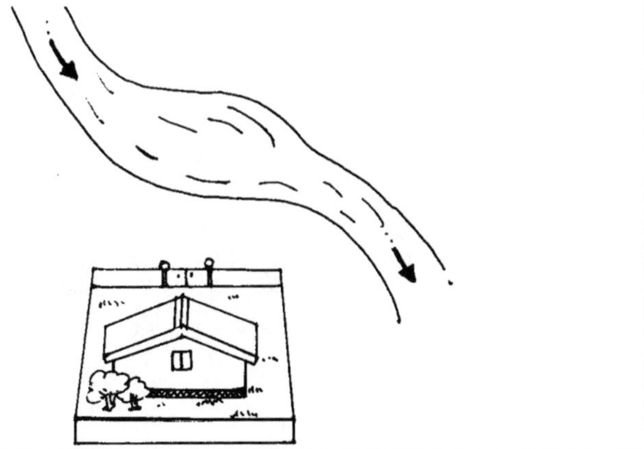

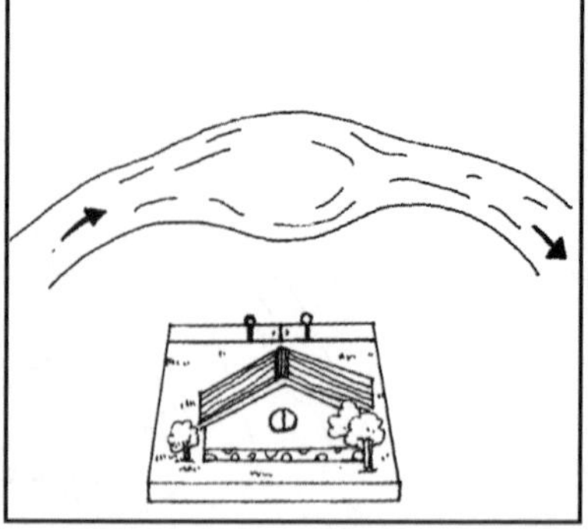
(一)環抱橫水局

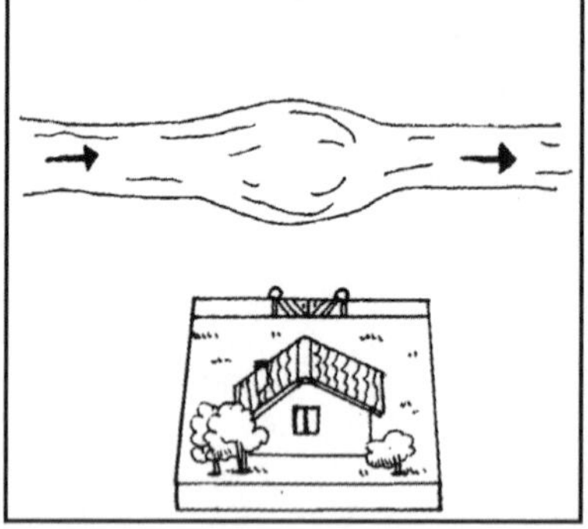
(二)平行橫水局

二、橫水局

橫水局即溪水從右或從左流經宅門前而去，可分為二種。一為環抱水，二為平行水。

環抱水即河溪向宅環抱，有如玉帶。平行水即河溪與宅平行而流，無環抱或者反弓之勢。環抱水與平行水，水流經宅前，必定要有窩聚，或囊蓄之形勢，則吉上加吉。

橫水局以環抱水最好，平行水較差。水係因環抱方顯真情，所謂「情」即是平靜停聚不去。而平行橫過，因欠環抱，較難顯情。如納水不合理氣，可能反吉為凶。

橫水局也主發富，唯因形勢關係，與朝水局比較略遜一籌。

(一)湖水聚水局

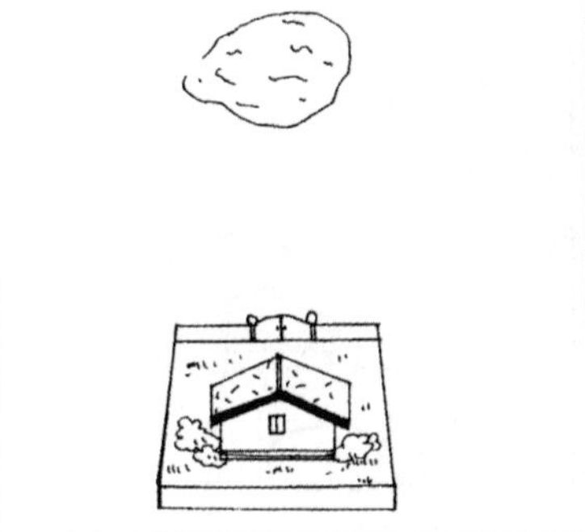

(二)池水聚水局

三、聚水局

平洋地，形勢低窪處所形成之池塘、湖，或山窩所圍成之深潭，因四周關鎖甚緊，凝蓄窩聚，不見水去，水終年不乾，且深而清澈見底，因水聚蓄，水光有如明鏡反照，陽宅能得此水，主宅內之人，財富綿延久遠，大富大貴。

陽宅見此聚水局，應依水立宅向，並善選門路以迎之，更要湖水能納在吉方，為我所用。要納在吉方，必須依宅法之卦理。且要納得分毫不差。若差之毫釐而失之千里，不吉反為凶。

聚水之能為善，亦因其湖水、池水、潭水均靜止不動，能顯水之貴氣。常在吉方照射宅門，反射精光，自然祥瑞。

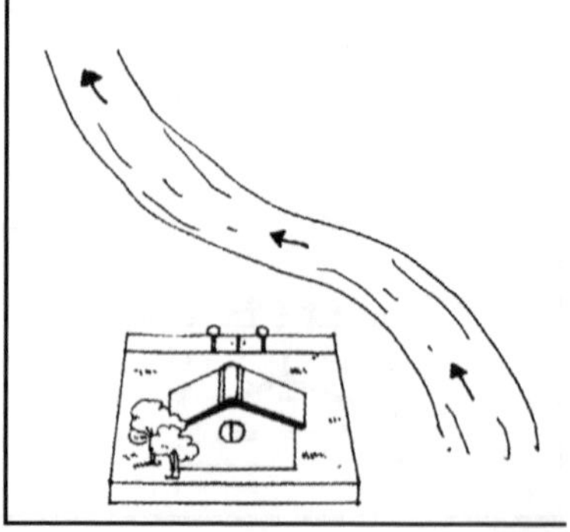

(一)宅前順水局

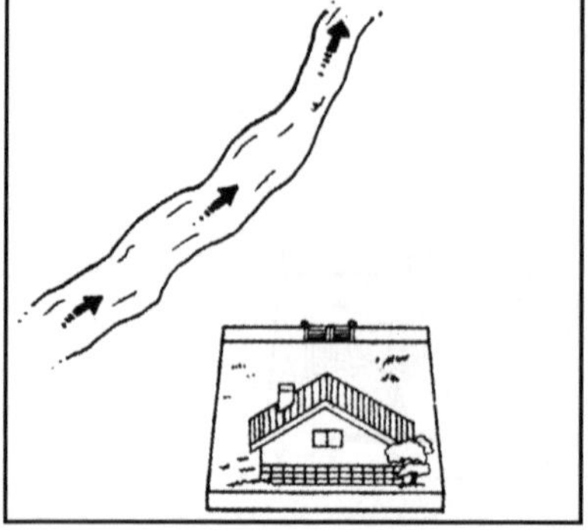

(二)宅前斜飛水局

四、順水局

順水即在宅前見河水溪水溝渠水，先從宅之左或右後方入，流經宅前直瀉而去，只見去不見來，且毫無停止之勢。順水，因宅後高，宅前低，水即順地之勢直奔出去，因水性本動，又以其地勢助長水之動性，故無停蓄以顯貴，水性恆動而賤，導致退財。

陽宅遇順水局，應立即迴避。因一進住，初年即不利、退財，久之終必田產耗盡，貧困潦倒。即使納水能納符合宅法理氣，也會先窮而後離鄉，再度發富。

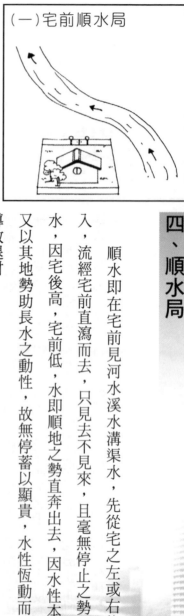

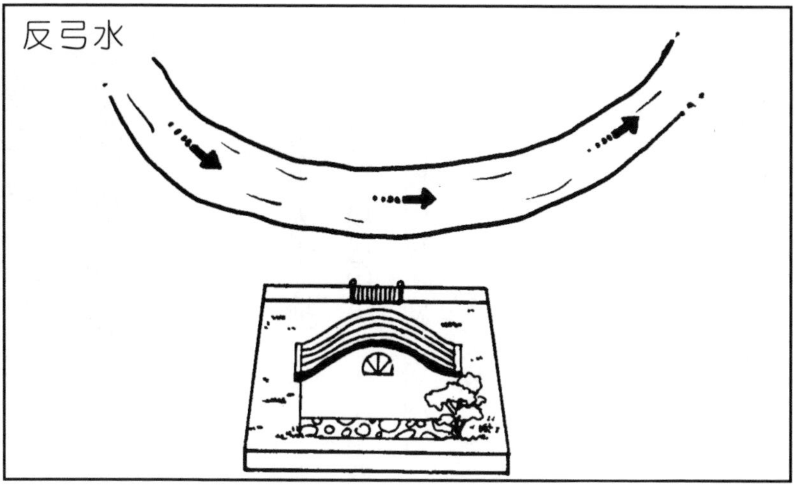

五、反水局

河溪水流形勢，彎如弓。若因宅建築在弓外，立於宅前，水勢如反弓，又加上水流經宅前，毫無停蓄形勢，只見水斜來又反斜而去，水勢無情，若又納得不合法，更立見凶禍。反弓凶水，應即予迴避，否則，禍不旋踵。

水之格局，主要有上述數端。而水之理氣，其方法有多種，紛紛不一，各有其所遵從。筆者以其重要性，而且應驗不爽者，依序說明之。讀者須視形勢上之不同，選擇適當之納水理氣而應用，不可執一不變。

第二節 河圖生成水法

天上之十天干，地下之十二地支。天上之十干，應於地下之五方位及五行，甲乙東方木，丙丁南方火，戊己中央土，庚辛西方金，壬癸北方水。恰合河圖之數，三八居東方，二七居南方，五十居中央，四九居西方，一六居北方。河圖之生成為：

天一生壬水，地六癸成之。

地二生丁火，天七丙成之。

天三生甲木，地八乙成之。

地四生辛金，天九庚成之。

天五生戊土，地十己成之。

河圖之數為順生，庚辛金生壬癸水，壬癸水生甲乙木，甲乙木生丙丁火，丙丁火生戊己土，戊己土生庚辛金。順時鐘方向為順生，金生水，水生木，木生火，火生土，土生金。除中央外，四方均各有生成，利用河圖各方之生成原理，取其局以納水，如：

宅向甲，收乙水。　宅向乙，收甲水。

宅向丙，收丁水。　宅向丁，收丙水。

宅向庚，收辛水。　宅向辛，收庚水。

宅向壬，收癸水。　宅向癸，收壬水。

此八大局為河圖數理之生成，宅向立生數，則收成數水；宅向立成數，則收生數水。例如宅立甲向，應收乙方來水，因甲數為天三，三為生數，乙數為地八，八為成數，立甲三生數向，收乙八成數水，則合河圖三八之生成數法，反之，如立乙向宅，則應收甲方來水，也合三八之生成數法。其餘各局比照應用。河圖十個數分居五方，每一方各一生一成，即生成之數，同處在一方。而每一方又是一奇一偶，奇為陽，偶為陰，陰陽相聚，有如夫婦之相配。河圖一生一成，奇偶陰陽相聚之數，乃天地自然之理。陽宅納水，應以河圖生成法則最為優先，凡納得八干之生成數，均非常吉利，必定發富發貴，而且驟富，朝貧暮富。

八大河圖生成水局，以圖示詳為說明：

(一)宅向甲收乙水局

（宅向甲收乙水局）

宅立甲向，右前方有溪水流經宅前而入，再轉宅後去。人立於圍牆大門中，見右前方水恰從乙字方位流入宅前，是為乙方來水。宅向甲為三，生數，乙為八，成數，乙方來水為收成數水，合三八為朋河圖數理。

人主門中，見乙方來水，要單一字乙。不可夾有左鄰之卯，如夾卯，為乙卯同來，乙卯互為八煞，謂八煞水，也是祿存水。

見來水絕對要單純，格盤必定要準確，絲毫不可偏差，帶煞即為不吉反凶。

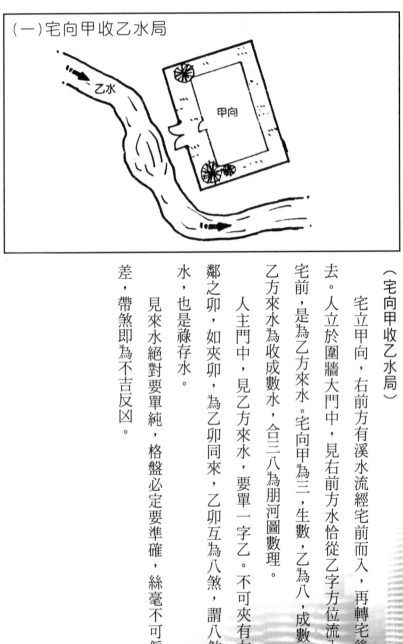

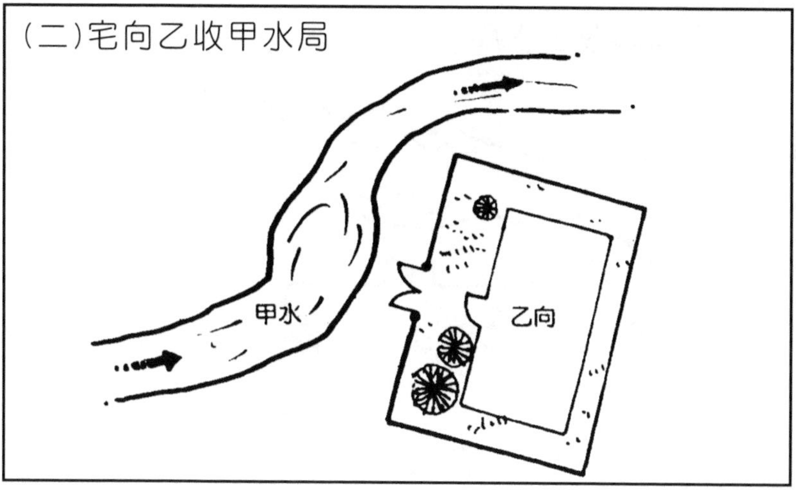

（宅向乙收甲水局）

宅立乙向，左前方有溪水流經宅前而入，再轉宅後去。人立於圍牆大門中，見左前方水即從甲字方位流入宅前，是為甲方來水。宅向乙為八，成數，甲為三，生數，甲方來水為收生數水，合三八為朋河圖數理。

人立大門中，見甲方來水，要單一字甲，不可夾有右鄰之卯。如夾卯，為甲卯同來，陰陽破局，因乙屬陽，卯屬陰，卯陰水破宅向乙陽。

甲卯同來水，為陰陽混雜，即為廉貞凶水。卯為四桃花水，犯桃花。

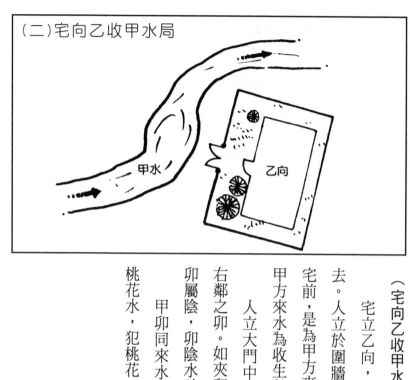

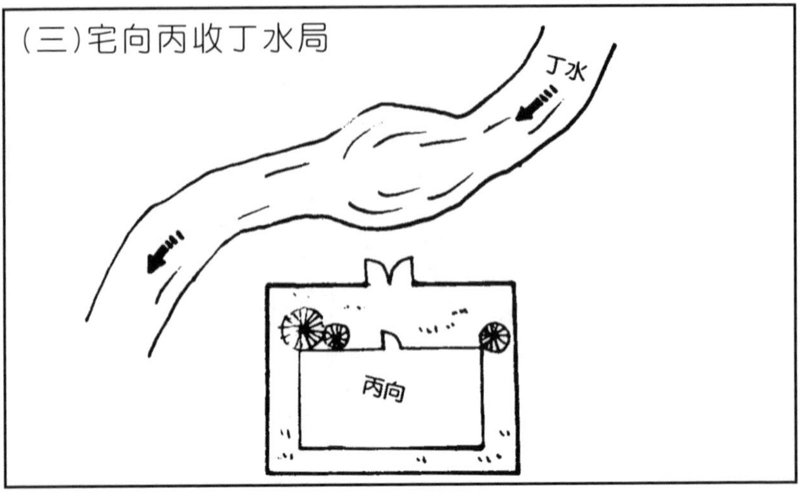

（宅向丙收丁水局）

宅立丙向，右前方有溪水流經宅前而入，再轉宅後去。人立於圍牆大門之中，見右前方水恰從丁字方位流入宅前，即為丁方來水。宅向丙為七，成數，丁為二，生數，丁方來水為收生數水，合二七同道河圖數理。

人立門中，見丁方來水，要單一字丁，不可夾有左鄰之午，如夾午，為午丁同來，陰陽破局，因丙屬陰，午屬陽，午陽水破宅向丙陰。

午丁同來水，為陰陽混雜，即犯祿存水，凶也。

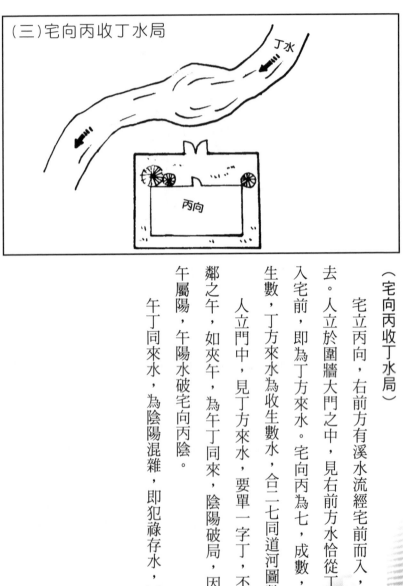

(四)宅向丁收丙水局

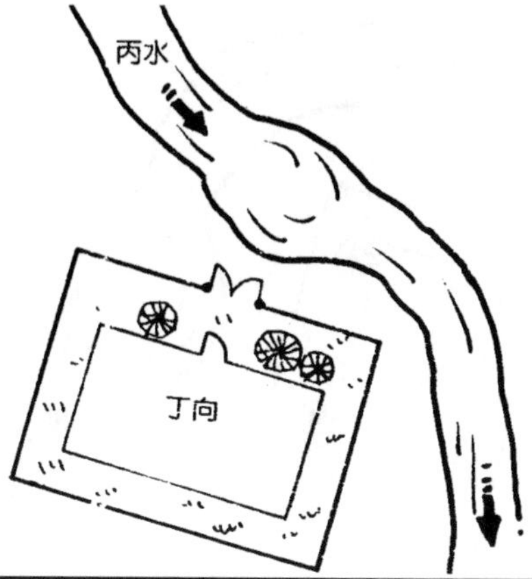

（宅向丁收丙水局）

宅立丁向，左前方有溪水流經宅前而入，再轉宅後去。人立於圍牆大門中，見左前方水從丙字方位流入宅前，是為丙方來水。宅向丁為二，生數，丙為七，成數，丙方來水為收成數水，合二七同道河圖數理。

人立門中，見丙方來水，要單一字丙，不可夾有右鄰之午，如夾午，為丙午同來，陰陽破局，因丙屬陰，午屬陽，午陽水破宅向丁陰。

丙午同來水，為陰陽混雜，非淨陰或淨陽，即犯祿存水，凶。

(五)宅向庚收辛水局

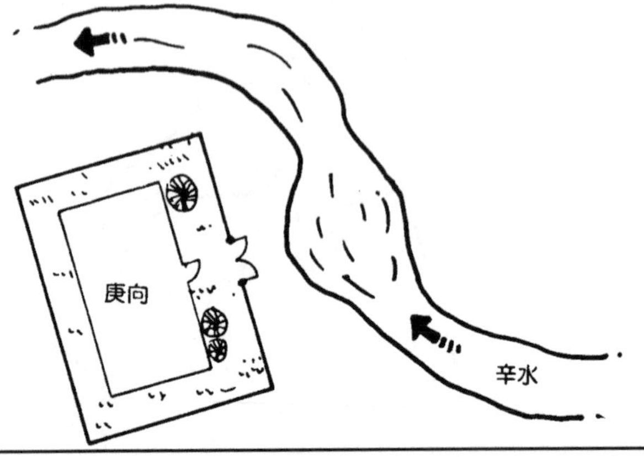

（宅向庚收辛水局）

宅立庚向，右前方有溪水流經宅前而入，再轉宅後去。人立於圍牆大門之中，見右前方水恰從辛字方位流入宅前，即為辛方來水。宅向庚為九，成數，辛為四，生數，辛方來水為收生數水，合四九為友河圖數理。

人立門中，見辛方來水，要單一字辛，不可夾有右鄰之戌，如夾戌，為辛戌同來，陰陽破局，因戌屬陽，庚屬陰，戌陽水破宅向庚陰。

辛戌同來水，為陰陽混雜，又戌係乾宮之地元，隔宮差錯，犯之為文曲水，凶也。

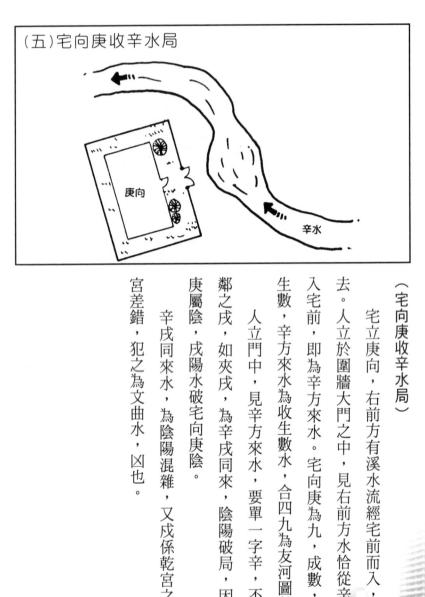

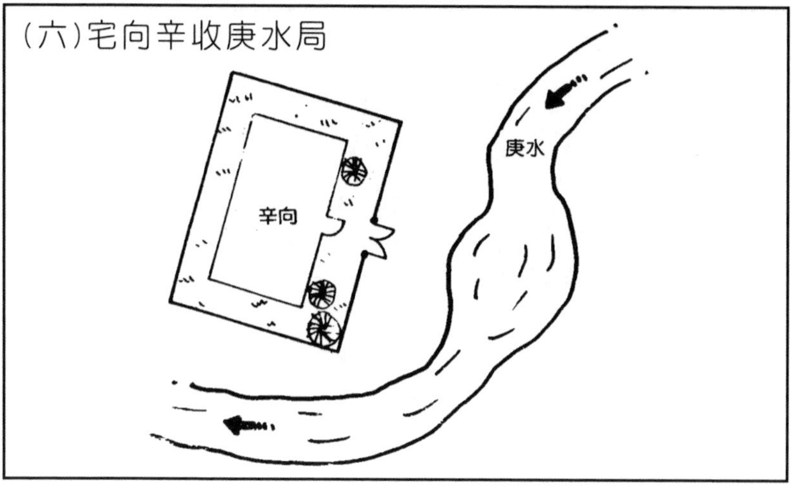

（宅向辛收庚水局）

宅立辛向，左前方有溪水流經宅前而入，再轉宅後去。人立於圍牆大門中，見左前方水從庚字方位流入宅前，是為庚方來水。宅向辛為四，生數，庚為九，成數，庚方來水為收成數水，合四九為友河圖數理。

人立門中，見庚方來水，要單一字庚，不可夾雜左鄰之申，如夾申，為庚申同來，陰陽破局，因申屬陽，辛屬陰，申陽水破宅向辛陰。

庚申同來水，為陰陽混雜，又是八煞水，隔宮差錯，犯之為文曲水，凶也。

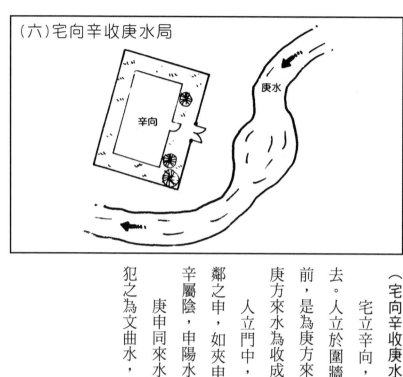

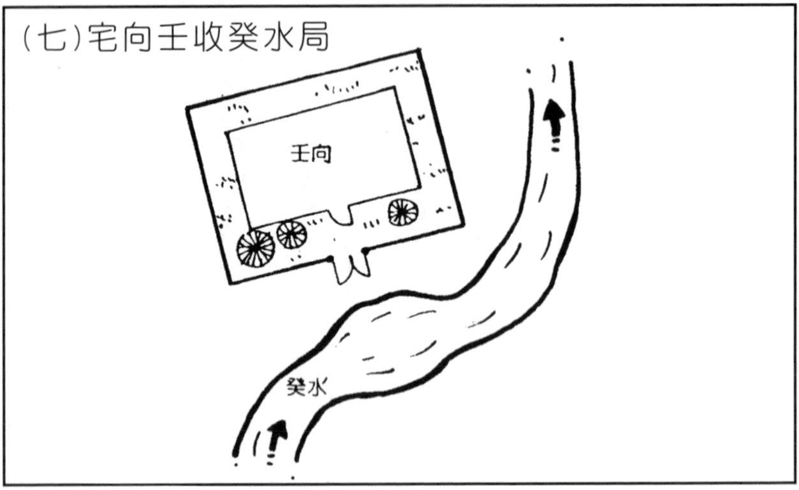

（宅向壬收癸水局）

宅立壬向，右前方有溪水流經宅前而入，再轉宅後去。人立於圍牆大門中，見右前方水恰從癸字方位流入宅前，即為癸方來水。宅向壬為一，生數，癸為六，成數，癸方來水為收成數水，合一六共宗河圖數理。

人立門中，見癸方來水，要單一字癸，不可夾有右鄰之丑，如夾丑，為癸丑同來，陰陽破局，因丑屬陰，壬屬陽，丑陰水破宅向壬陽。

丑癸同來水，為陰陽混雜，又丑為艮宮之地元，隔宮差錯，犯之也是祿存水，凶也。

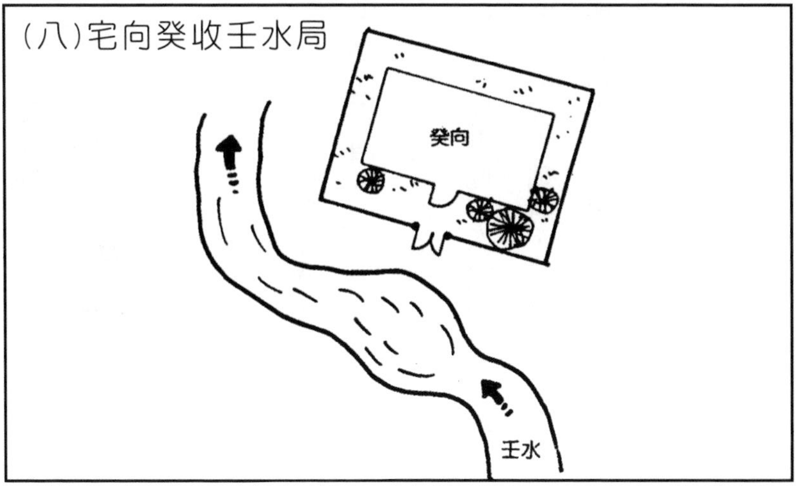

(宅向癸收壬水局)

宅立癸向，左前方有溪水流經宅前而入，再轉宅後去。人立於圍牆大門中，見左前方水從壬字方位流入宅前，即為壬方來水。宅向癸為六，成數，壬為一，生數，壬方來水為收生數水，合一六共宗河圖數理。

人立門中，見壬方來水，要單一字壬，不可夾有左鄰之亥，如夾亥，為壬亥同來，陰陽破局，因亥屬陰，癸屬陽，亥陰水破宅向癸陽。

壬亥同來水，為陰陽混雜，又因亥是豬，壬納於離，離之八煞為豬，亥與壬互為八煞。另亥是癸之破軍水，凶也。

第三節 先天夫婦對待水法

先天夫婦對待水法，即是用先天八卦之理氣，配合後天八卦方位。先天八卦，乾為天為老父居正南，坤為地為老母居正北，坎為水為中男居正西，離為火為中女居正東。兌為澤為少女居東南，艮為山為少男居西北，巽為風為長女居西南，震為雷為長男居東北。乾坤相對待，天地定位。坎離相對待，水火不相射。震巽相對待，雷風相薄。艮兌相對待，山澤通氣，此為先天之理氣，所謂先天夫婦對待之局也。後天之卦位是乾居西北，坤居西南。震居正東，巽居東南，坎居正北，離居正南，艮居東北，兌居正西。配合先天理氣，即形成八大水局：(即所謂用先天理氣，配後天方位。)

天地定位

宅向乾收坤方來水，宅向坤收乾方來水

火水不相射

宅向坎收離方來水，宅向離收坎方來水

以上四局先天居四正為奇數為陽，宅向陽，收陽方來水，均屬淨陽。

宅向震收巽方來水，宅向巽收震方來水

雷風相薄

宅向艮收兌方來水，宅向兌收艮方來水

山澤通氣

以上四局先天居四隅為偶為陰，宅向陰，收陰方來水，均屬淨陰。

先天夫婦對待法除用先天八卦理氣，配合後天八卦方位為用外，又合洛書之數合十，稱為「合十法」。先天乾居正南，洛書數為九，先天坤居正北，洛書數為一，乾九坤一，天地定位，即九一合十。先天坎居正西，洛書數為七，離居正東，洛書數為三，坎七離三，水火不相射，即七三合十。先天巽居西南，洛書數為二，震居東北洛書數為八，巽二震八，雷風相薄，即二八合十。先天兌居東南，洛書數為四，艮居西北，洛書數為六，兌四艮六，山澤通氣，即四六合十。卦為夫婦對待，數為合十之法。陽宅能得此水法，福力甚重，且綿延長遠。茲以圖示說明如後：

（天地定位）

(一)宅向坤收乾水局

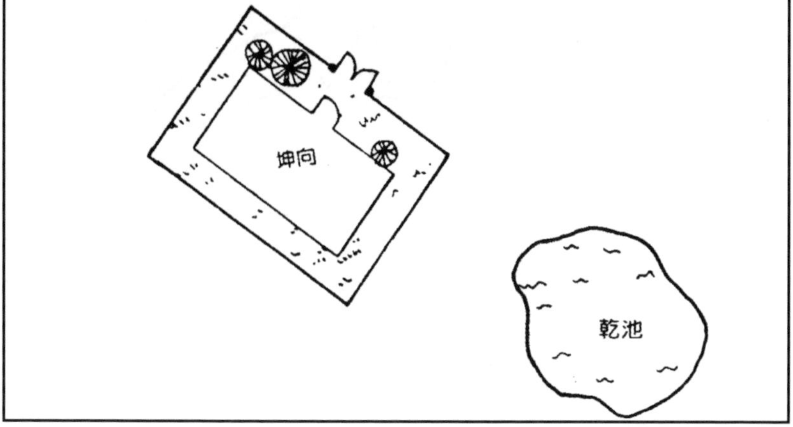

(二)宅向乾收坤水局

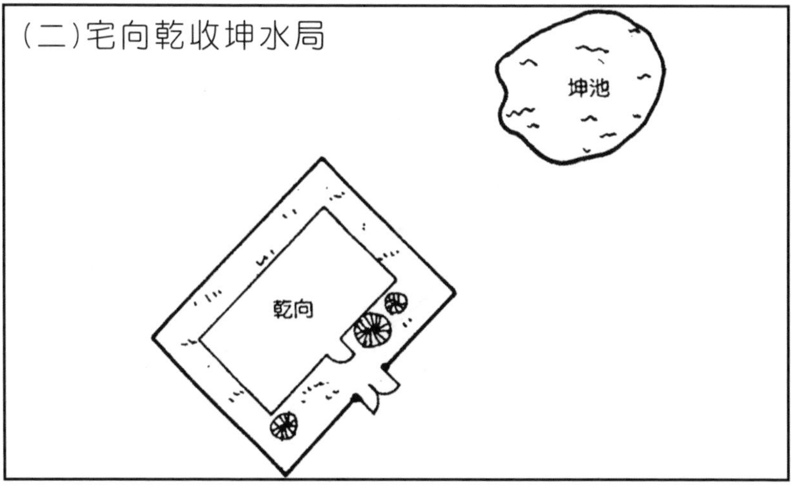

(水火不相射)

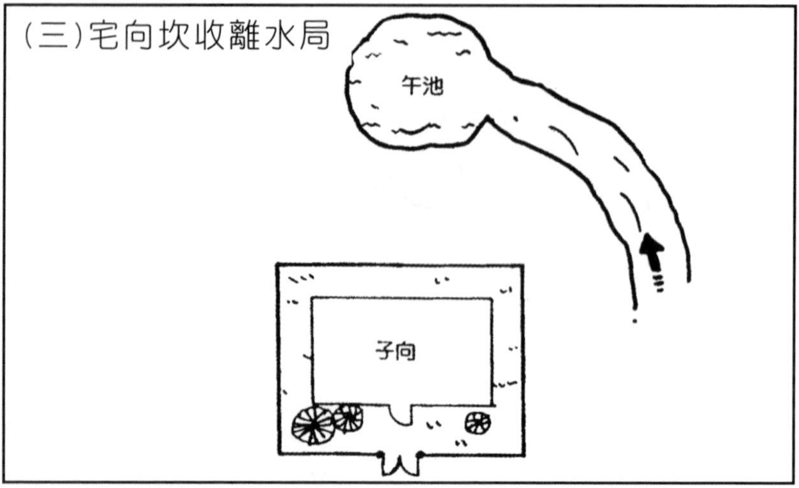

(三)宅向坎收離水局

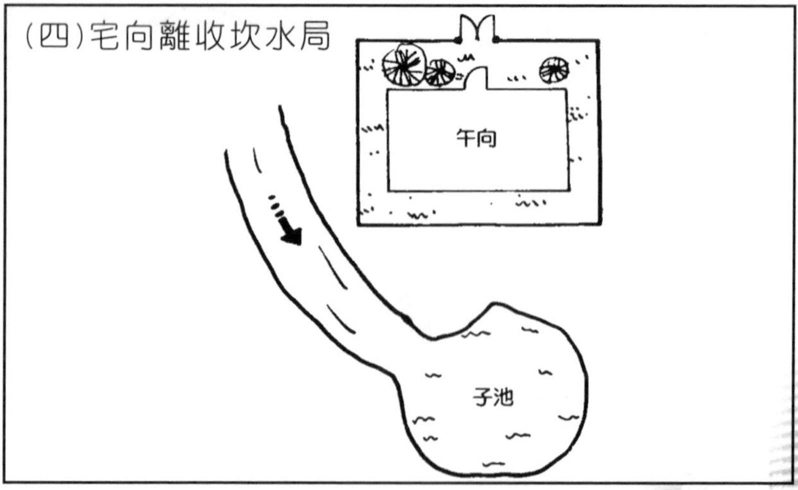

(四)宅向離收坎水局

（雷風相薄）

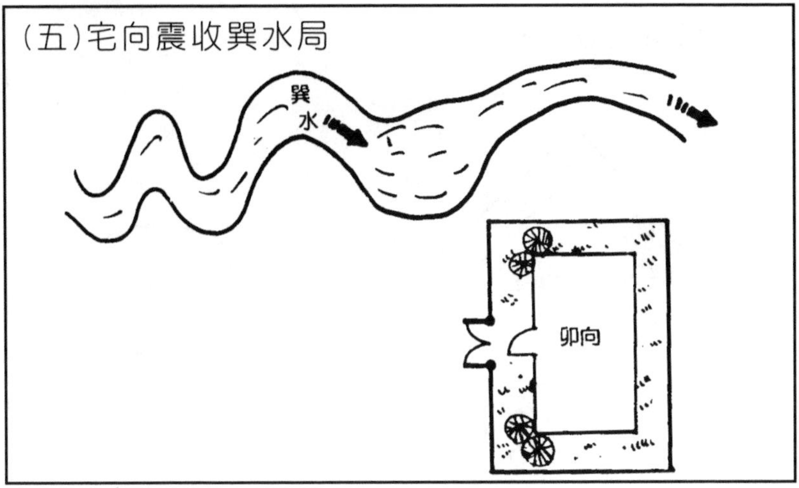

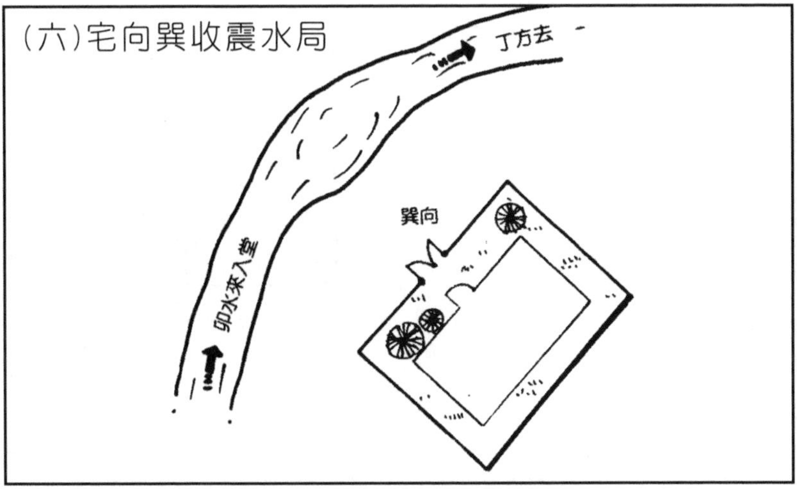

（山澤通氣）

(七)宅向艮收兌水局

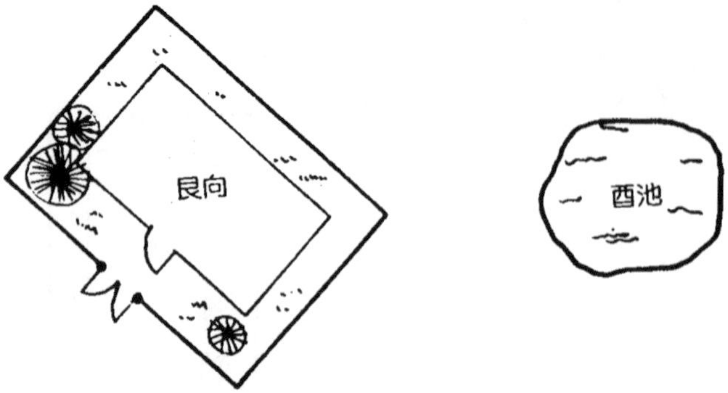

(八)宅向兌收艮水局

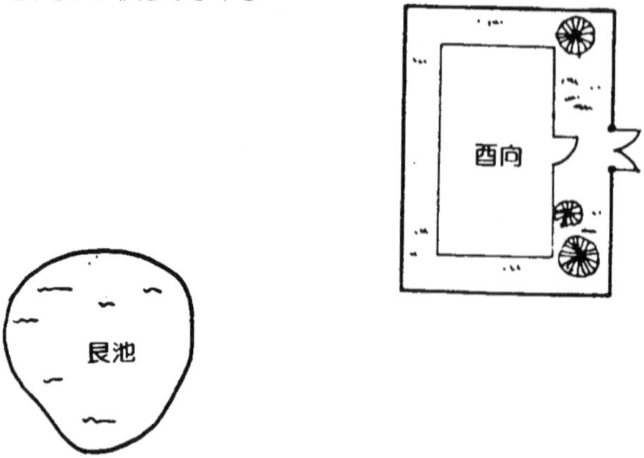

第四節 九星輔星水法

九星輔星水法為漢黃石公所傳授，經歷代堪輿大師，如楊筠松、廖金精、辜託長老、賴布衣、張九儀等人所推崇引用，此水法非常之準確。

何謂九星，是指天上北斗九星而言。北斗第一星為貪狼木，第二星為巨門土，第三星為祿存土，第四星為文曲水，第五星為廉貞火，第六星武曲金，第七星為破軍金，在破軍星之左為左輔太陽星，之右為右弼太陰星。北斗星的斗柄是破軍星，該斗柄破軍所指之時辰，即為月令，如斗柄指寅方時，天下皆為春天，即是正月；斗柄指在巳方時，天下皆為夏天，即是四月；斗柄指在申方時，天下皆秋天，即是七月；斗柄指在亥方時，天下皆冬天，即是十月。

楊筠松用九星來辨別山的巒頭及納水。唯有貪狼、巨門、武曲、輔弼為吉星，祿存、文曲、廉貞、破軍為凶星，四個吉星、四個凶星，依據北斗星宿的轉換，是為天地造化的樞機。

九星，廖金精有其不同的名詞，貪狼曰紫氣，巨門曰天財，祿存曰孤曜，文曲曰掃蕩，廉貞曰燥火，武曲曰金水，破軍曰天罡，左輔曰太陽，右弼曰太陰，名雖不同，意義卻相同。廖公喜用九星輔星水法，認為陽宅喜水來，無水來無以致富，即使令其作官為太傅，兩袖清風仍然貧窮。陽宅與陰宅一樣，喜歡得水來。用輔星翻卦法納之，最為靈驗，最為準確。

陽宅納水用輔星水法，是依宅向而起卦，用翻卦法推演八卦所屬之九星名，星與卦相配。二十四方位以納甲歸納為八卦：

兌卦含酉丁巳丑

坤卦含坤乙

巽卦含巽辛

離卦含午壬寅戌

震卦含卯庚亥未

坎卦含子癸申辰

艮卦含艮丙

乾卦含乾甲

輔星翻卦法，需先將八卦依特定方式排列，秩序不可顛倒。

兌　震

坤　坎

巽　艮

離　乾

一翻上起下落，二翻下起上落，三翻中起中落，四翻邊起邊落。其法應用如下：如宅向為乾，從向上起輔，依序為輔武破廉貪巨祿文，其順序不可亂，亂就錯了。乾卦本身為輔弼星，乾在下，下起上落到離，第二離為武曲星，第三艮為破軍星，第四巽為廉貞星，第五坎為貪狼星，第六坤為巨門星，第七震為祿存星，第八兌為文曲星。其他七卦，依此類推。

八卦之翻法，列示於後：

宅向為離：（邊起邊落）

祿兌 → 震文

貪坤 → 坎巨

破巽 → 艮廉

輔離 → 乾武

宅向為巽：（中起中落）

貪兌 → 震巨

祿坤 → 坎文

輔巽 → 艮武

破離 → 乾廉

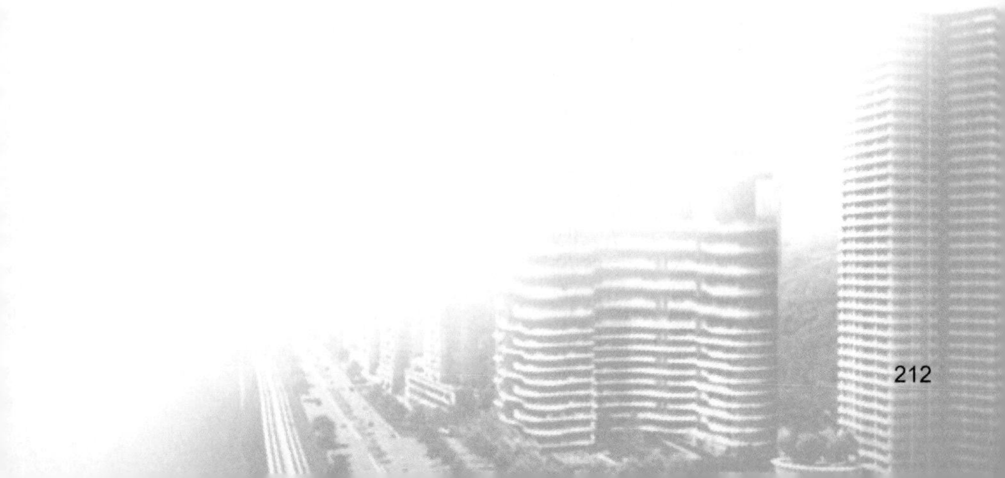

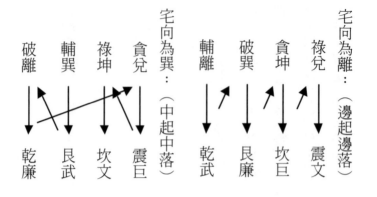

宅向為艮：（上起下落）

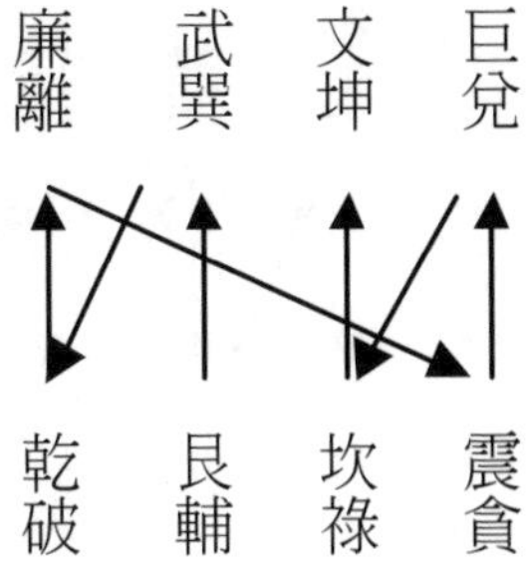

宅向為坤：（中起中落）

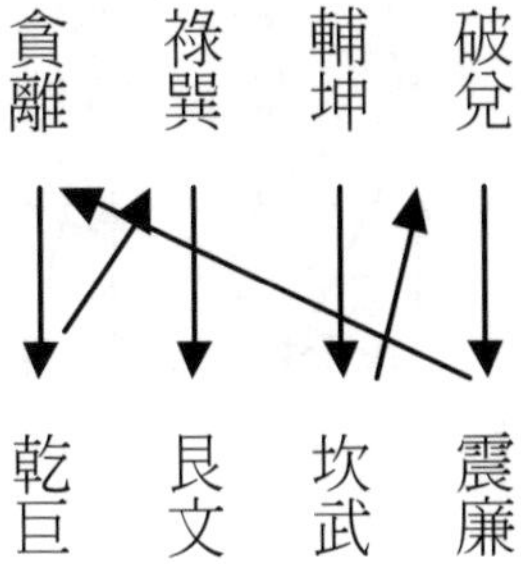

宅向為坎：（下起上落）

廉兌　震破

武坤　坎輔

文巽　艮祿

巨離　乾貪

宅向為兌：（上起下落）

輔兌　震武

破坤　坎廉

貪巽　艮巨

祿離　乾文

宅向為震：（下起上落）

武兌 ↑ 震輔

廉坤 ↑ 坎破

巨巽 ↑ 艮貪

文離 ↑ 乾祿

宅向為乾：（下起上落）

文兌 ↑ 震祿

巨坤 ↑ 坎貪

廉巽 ↑ 艮破

武離 ↑ 乾輔

輔星翻卦水法實務用法，圖示說明如後：

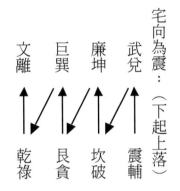

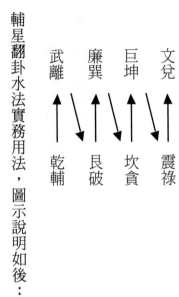

例如宅向午（離卦），右前有水池，人立於宅前門中間，用羅盤格之，水池的水面正好在坤位上，不夾雜未或其他字。用輔星翻卦，從向上午（離）起輔，參閱上列八式之離卦，翻到坤卦（即第五翻）為貪狼水，為吉水。如宅向更改丙向，丙屬艮卦，再從宅向上艮卦起輔，翻到坤卦（即第八翻）為文曲水，為凶水。

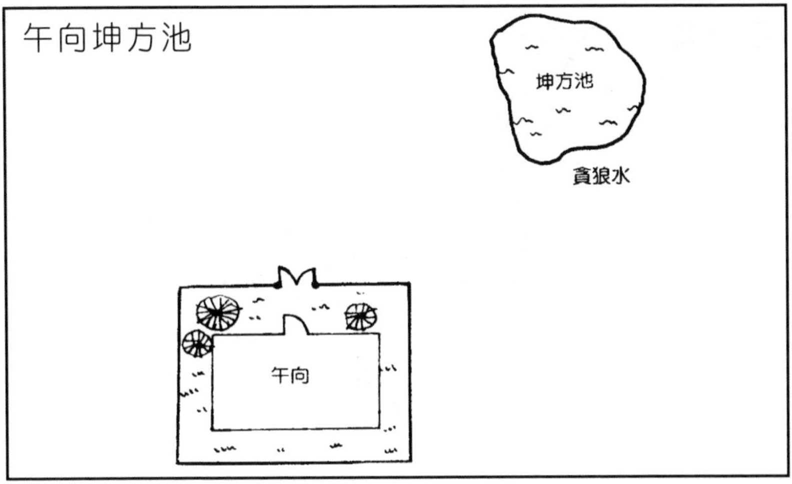
午向坤方池
坤方池
貪狼水
午向

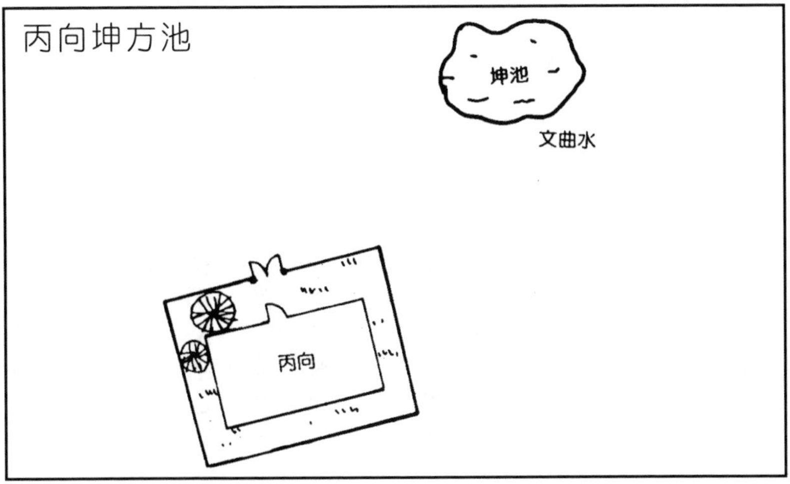
丙向坤方池
坤池
文曲水
丙向

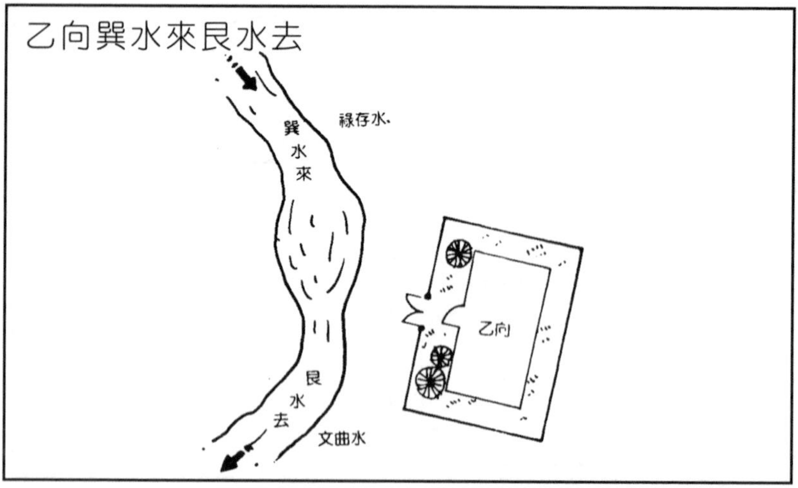

宅向乙（坤卦），右前有溪水向宅前流入，聚集在宅前，再轉折左前方而去。人立於宅門中，用羅盤格之，見轉折處水從巽方來再轉從艮方而去。依翻卦法從向上坤卦（納乙）起輔，第七翻到來水之巽卦為祿存水，為凶水。又從坤卦起輔，第八翻到去水之艮卦為文曲水，也是凶水。水來之凶比去水之凶較為凶，一樣凶水，來比去為重，有其差別。若能將宅向乙，更改為立卯向，卯為震卦，從向上震卦起輔，第六翻到水來之巽卦為巨門水，第五翻到去水之艮卦為貪狼水，均為吉水，所以有如此形勢水，要依水立向，才不致有差錯。

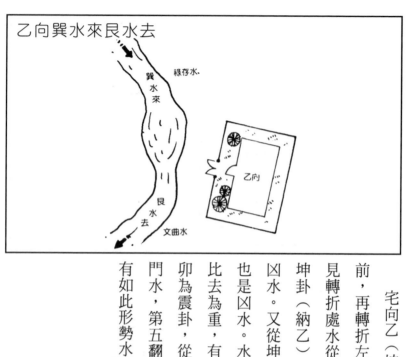

子向癸水來乾水去

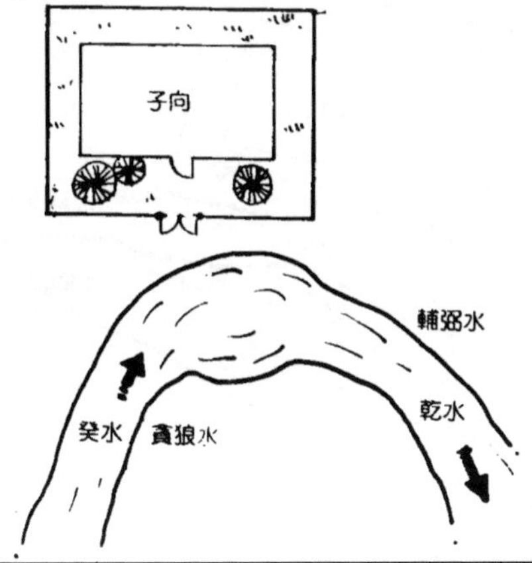

宅向為子（坎），右前方溪水向宅前流入，停蓄在宅前，再轉折左前方而去。人立宅門中，用羅盤格之，見溪水從癸方朝宅前流入，再由乾方出去。依輔星翻卦法，從坎卦（子）起輔，癸納於坎即為輔弼水，為吉水。再翻到（第五翻）乾為貪狼水，也是吉水。

該局來去之水，以輔星水法均為吉水，唯因溪水形勢反弓，不合形勢要件，理氣雖合，仍舊不發。

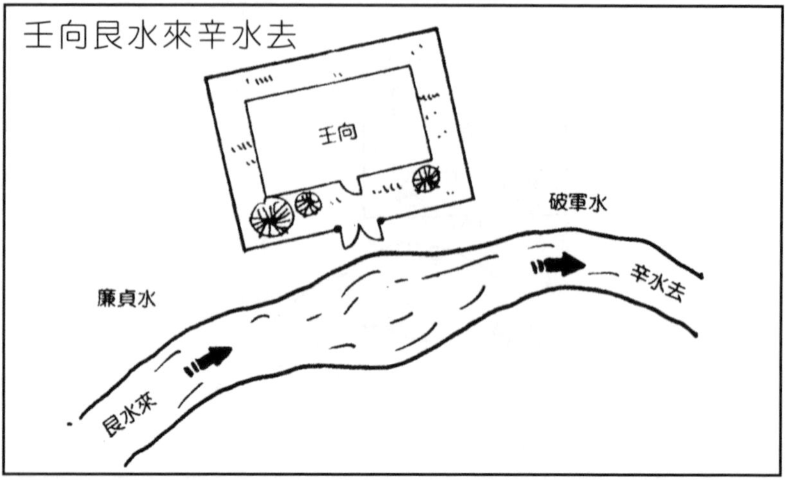

宅向為壬（納於離），右方溪水向宅前流入，停蓄在宅前，再轉折左前方而去。人立宅門中，用羅盤格之，見溪水從艮方朝入，再由辛（納於巽）出去。依翻卦法，從離起輔，翻到艮（第四翻）為廉貞水，凶水。再翻到辛（第三翻）為破軍水，也是凶水。其餘的依前列之方法類推。

依據九星輔星翻卦水法，凡翻得輔弼、貪狼、巨門、武曲之四吉水與破軍、廉貞、祿存、文曲之四凶水，均有如下之感應：

輔弼水：陽宅得輔弼水，這家的人，長輩都能慈祥，為子女的也懂得孝道，尊敬長輩，在外能結識好的朋友，男生都比較會任公職，女生也會嫁給為官的人為妻。

貪狼水：陽宅得貪狼水，要生男孩很容易，即是能出丁，而所生的男孩聰明，日後也懂得孝道，而後接著能發富。

巨門水：陽宅得巨門水，會先發財，豐衣足食，生活富裕，宅內的人比較老實而忠厚，身體方面均能健康而得長壽，如任公職的人，定會升官而加薪富有。

武曲水：陽宅得武曲水，宅內的人，考試很容易錄取，要入公職也很容易，且任公職必定清廉，受人敬畏，人也得健康長壽。

破軍水：陽宅得破軍水，宅內的人，性情暴躁而且喜歡與人爭訟。也有偷竊行為，嚴重時也有擄掠發生。身體方面，容易出現聾啞及殘缺。最後人丁薄弱，甚至絕嗣。

廉貞水：陽宅得廉貞水，宅內的人，會出現狂妄且悖逆犯上的人，導致有詐欺行為，重者也會搶奪劫財。身體容易火傷或車禍，也容易得血管病變或吐血而亡。

祿存水：陽宅得祿存水，宅內的人，心性很頑劣，做事很狂妄，有的會出家為僧侶，也會有男鰥女寡的情事，也會出現淫亂，生產會有產厄，遇事想不開而自縊，身體容易智障，或不健全者。

文曲水：陽宅得文曲水，宅內之人，心性虛偽而多計謀，喜愛賭博，貪好酒色，會敗財而離開故鄉；身體方面容易患眼疾病，會跛足，也會患中風或水厄。

第五節 淨陰淨陽水法

所謂淨陰淨陽，是由先天八卦配置洛書之數而定出來。數有河圖與洛書之數，河圖之數一三五七九為奇數為陽，二四六八十為偶為陰。洛書之數一三七九為奇數亦為陽，二四六八亦為陰。成卦之後，先天八卦之乾居九數在正南，坤居一數在正北，離居三數在正東，坎居七數在正西，乾坤坎離居四五，均為陽。而四正之納甲也屬陽，甲納於乾，乙納於坤，癸納於坎，申辰與坎（子）相合，也屬陽。壬納於離，寅戌與離（午）相合，也屬陽，以上十二個字均屬淨陽。先天八卦之巽居二數在西南，兌居四數在東南，艮居六數在西北，震居八數在東北，巽兌震艮居四偶，均屬陰。而四偶之納甲也屬陰，辛納於巽，丙納於艮，丁納於兌，而巳丑與兌（酉）相合也屬陰，庚納於震，而亥未與震（卯）相合也屬陰，以上十二個字均屬淨陰。此為淨陰淨陽法之陰與陽分辨之來源。

賴太素在「催官篇」中傳淨陰淨陽之法，謂天地萬物之生，不會生於一，要生物必須要二，奇數遇到奇數，或偶數遇到偶數，才能變為偶，才能生物，例如奇數一遇到三得四，四為偶。奇數三遇到奇數五得八，八為偶。或偶數二遇到偶數四得六，六為偶數。偶數四遇到偶數六得十，十為偶，皆為二數。反之，奇數遇到偶數，如一遇到二得三，二遇到三得五，四遇到五得九，皆為奇數。故居洛書一三七九之乾坤坎離卦彼此相遇均會得偶數，居洛書二四六八之巽震兌艮卦彼此相遇也均會得偶數。如宅向乾，收坤方來水，因乾居九，坤居一，九遇到一得十，十為偶數。又如宅向離，收坤方來水，離居三，坤居一，三遇到一得四，四為偶數。又如宅向坎，收乾方來水，坎居七，乾居九，七遇到九得十六，十六為偶數；以上均為奇數遇到奇數，奇數為陽，故謂淨陽。另如宅艮，收震方來水，艮居六，震居八，六遇到八得十四，十四為偶數，又如宅向震，收巽方來水，震居八，巽居二，八遇到二得十，十為偶數。又如宅向丙，收丁方來水，丙納於艮，丁納於兌，艮居六，兌居四，六遇到四得十，十為偶數；以上均為偶數遇到偶數，偶數為陰，故謂淨陰。淨陰淨陽之法，引先天之理氣，配合後天方位用之。

話說賴太素（布衣）當時浪遊至浙江的紹興，歷經三年時間，沒有人認識這位堪輿大師，然而賴公卻看上當地一位忠厚老實的鐵匠，在臨行之前，將「催官水法」傳給這鐵匠的兒子焦仁山，後來焦仁山得書之後，往餘杭一帶去為人看墳斷宅，其靈驗如神。在惇安的友人，恭迎他去扦地，也都秘密不肯相傳，傳的話必定要索取萬金，後來焦仁山年事較高，淳安的友人，深怕成了絕響，就彙集了萬金，要求閱覽其書，這本書就是「催官四篇」。其中有關水法部分即是淨陰淨陽水法，主張向與水不可陰來破陽，或者陽來破陰，如陰陽破局主凶，必須要陰來配陰，陽來配陽，才為淨陰淨陽，合局主吉。

淨陰淨陽水法與輔星水法有異曲同工，不謀而合之巧，輔星水法所翻到之吉水，正好符合淨陰或淨陽，所翻到之凶星，也正好是陰陽破局。如宅向庚，收辛方來水，庚納於震，辛納於巽，從震卦起輔，翻到第六翻巽卦為巨門星水，為吉水，而庚向與辛水均屬陰，故合淨陰。又如宅向子，收乾方來水，子為坎卦，乾為乾卦，從坎起輔，翻到第五翻乾卦為貪狼星水，為吉水，而子向與乾水均屬陽，也合淨陽。如宅向艮，收甲方來水，甲納於乾，從艮卦起輔，翻到第三翻乾卦為破軍星水，為凶水，而艮向屬陰，乾水屬陽，陽水來破陰向，故陰陽破局。又如宅向午，收巳方來水，巳納於兌卦，從離（午）卦起輔，翻到第十翻兌卦祿存星水，為凶水，而午向屬陽，巳水屬陰，陰水來破陽向，故陰陽破局。其餘類推，均相符合。

第六節　桃花水

「桃花」這個名詞，一般人應該很熟悉，也常常聽到，不過與陽宅有關的可能就比較少人了解。陰宅有桃花水，陽宅也同樣有，不可不知道，因為陽宅犯了桃花水一樣會受害。

「桃花」二個字，意指路旁的野花，任人隨意攀折的意思，比喻男女淫亂的事。桃花煞歌云：「亥卯未，鼠子當頭忌。巳酉丑，躍馬南方走。申子辰，雞叫亂人倫。寅午戌，兔從茅裡出。」意思是說，宅向如立亥卯未向，見到子方有水朝入，或有池沼停聚者，謂之收到桃花水。宅向如立巳酉丑向，見到午方有水朝入或池沼者。宅向如立申子辰向，見到酉方有水朝入或池沼者。宅向如立寅午戌向，見到卯方有水朝入或池沼者均謂之桃花水。何以故？因為亥卯未的木，生於亥地，敗於子地，故以子為桃花煞。巳酉丑的金，生於巳地，敗於午地，故以午為桃花煞。寅午戌的火，生於寅，敗於卯，故以卯為桃花煞。申子辰的水，生於申，敗於酉，故以酉為桃花煞。

以上四局桃花煞，以輔星水法及淨陰淨陽水法來論，也均是陰陽破局。如亥卯未是屬陰，屬震卦，子是屬陽，陽水來破陰局，又從震卦輔星翻卦到坎，則為破軍水。如巳酉丑是屬陰，屬兌卦，午是屬陽，陽水來破陰局，又從兌卦輔星翻卦到離，則為祿存水。如申子辰是屬陽，屬坎卦，酉是屬陰，陰水來破陽局，又從坎卦輔星翻到兌，則為廉貞水。如寅午戌是屬陽，屬離卦，卯是屬陰，陰水來破陽局，又從離卦輔星翻卦到震，則為文曲水。

為什麼桃花水煞，人見人怕？因為「萬惡淫為首」，淫亂是一切罪惡的禍首。夫妻因淫亂兩家庭破裂，子女淫亂招致殺身之禍，家族亂倫犯刑罰，遭人唾棄。桃花又分為外桃花與內桃花兩種，外桃花是指外人到家裡來姦淫，重者會因姦淫而招致殺身死亡之禍，輕者也會因姦淫而客死異鄉。內桃花是指家族內父女兄嫂叔侄之間亂倫，重者也會因姦而起殺戮，輕者主淫奔，或者男為盜女為娼，窩藏賊盜。

茲就桃花水煞四局，列圖說明之：

一、宅向立亥，子水來

宅向立亥，或卯未向，子水來是為桃花水煞。如子方無水而是來路，也視同桃花煞，因為陽宅門路視為水論，同等禍害。

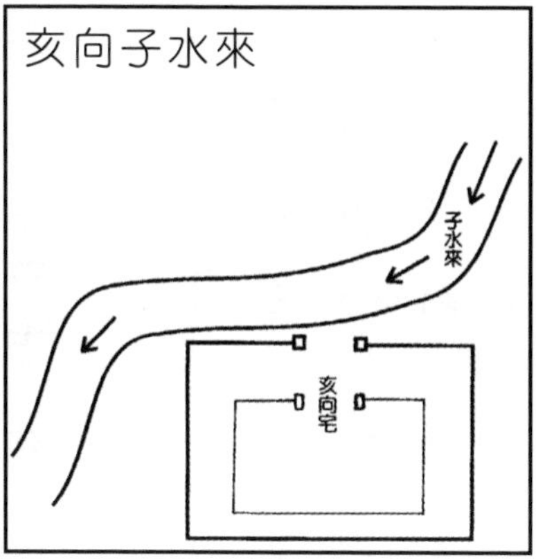

二、宅向立巳，午水來

宅向主巳，或酉丑向，午水來是為桃花水煞。如午方無水而是來路，也視同桃花煞，因為陽宅門路視為水論。

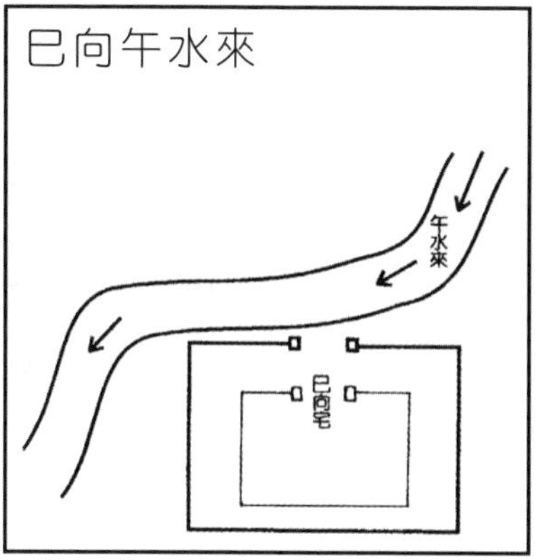

三、宅向立申，酉水來

宅向立申，或子辰向，酉水來是為桃花水煞。如酉方無水而是來路，也視同桃花煞，因為陽宅門路視為水論。

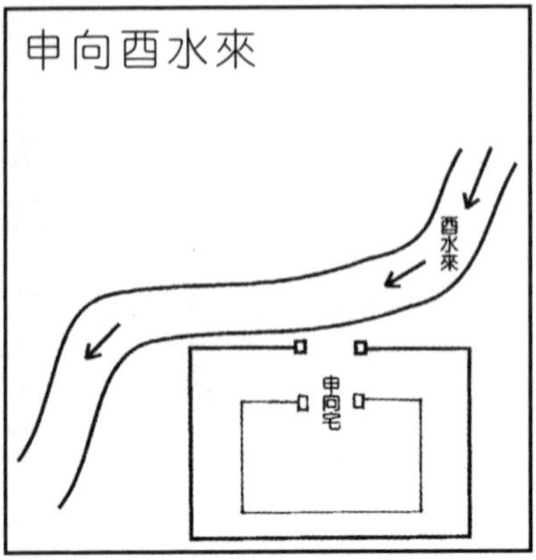

四、宅向立寅，卯水來

宅向立寅，或午戌向，卯水來是為桃花水煞。如卯方無水而是來路，也視同桃花煞，因為陽宅門路視為水論。

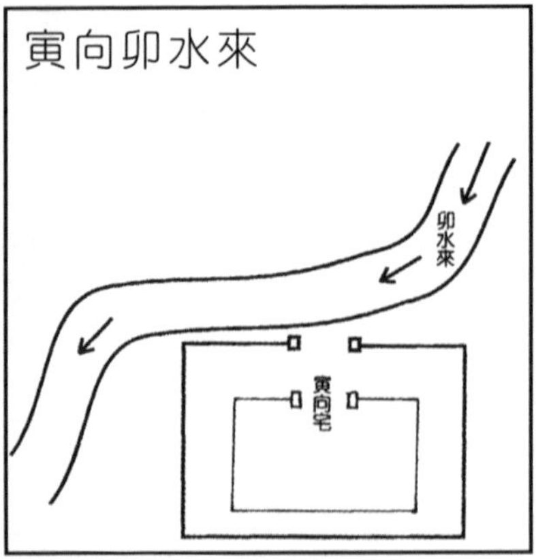

桃花水如從外而入內者，稱為外桃花。又遇水入於堂前者，其禍更凶。如水來不入於堂前者，禍稍為輕。如遇宅前堂內有水池沼漕者，稱為內桃花。如水深者，凶禍則加凶。如遇水向外流出者，則男盜女娼，重者死於外。

假如宅向為陽向，見到子水或午水來，或該方有池沼，或來路，因陽向宅收子與午陽水或陽路；或者宅向立陰向，見到卯與酉水來，或該方有大池沼，或來路，因陰向宅收卯與酉，陰水或陰路，雖也稱桃花，但沒有桃花煞的毛病，男子只有愛好美色，深得女人之好感，不會發生淫亂之事，女子則多姿色，出污泥而不染，能堅守貞潔，無妨。諸如政治人物，歌星電影明星等等，受到粉絲的喜愛。

第七節 八煞水與八煞路

第五章論及陽宅立向，不可犯了八煞向。同樣道理陽宅納水也不可犯了八煞水，八煞水非常的凶烈，絕對不可誤犯。何謂「八煞」，即是卦的官鬼爻，名曰：「煞曜」。堪輿家葬墳立宅，絕對要迴避的，否則，其凶禍銳不可當。

八煞有個歌訣，曰：「坎龍坤兔震山猴，巽雞乾馬兌蛇頭，艮虎離豬為煞曜，宅墓逢之一時休。」歌訣中的坎，是指二十四山向的子，龍是指辰，子忌辰，辰也忌子。坤即是坤，兔是指卯，坤忌卯，卯也忌坤。震是指卯，猴是指申，卯忌申，申也忌卯。巽即是巽，雞是指酉，巽忌酉，酉也忌巽。乾即是乾，馬是指午，乾忌午，午也忌乾。兌是指酉，蛇是指巳，酉忌巳，巳也忌酉。艮即是艮，虎指寅，艮忌寅，寅也忌艮。離是指午，豬是指亥，午忌亥，亥也忌午。兩者均互為八煞。又因為坤納乙，乙與卯也互為八煞。震納庚，庚與申也互為八煞。巽納辛，辛與酉也互為八煞。離納壬，壬與亥也互為八煞。艮寅、乙卯、庚申、辛酉、壬亥都挨在一起，一不小心很容易觸犯。

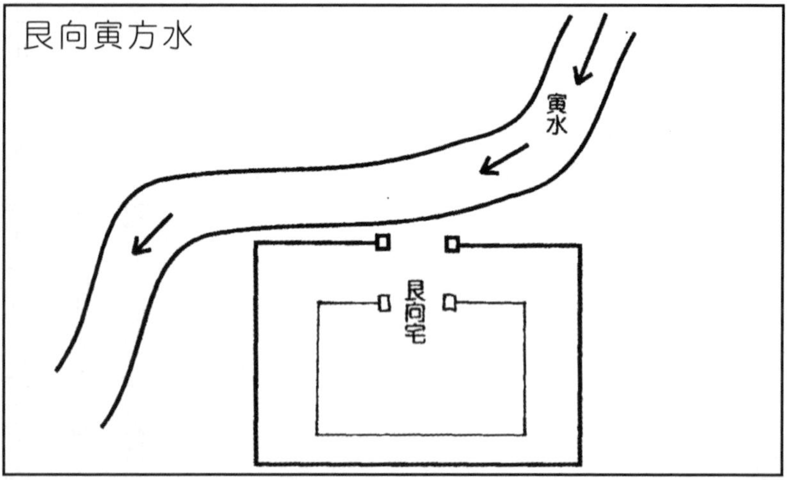

一、艮向收寅水

陽宅如立艮向，寅方有溪水來，或寅方有水池，且能見到水光謂之八煞水。如上圖所示：

宅向立艮向，宅右前方之寅有溪水流向宅前。立於宅門，見寅方有水光照宅，謂之八煞來水。宅收到寅方來，宅內的人會有瘋病與眼睛盲病，並且有血光之災禍。因為實是二十八宿箕宿所在地方，箕是主好風，故會有瘋病之疾。

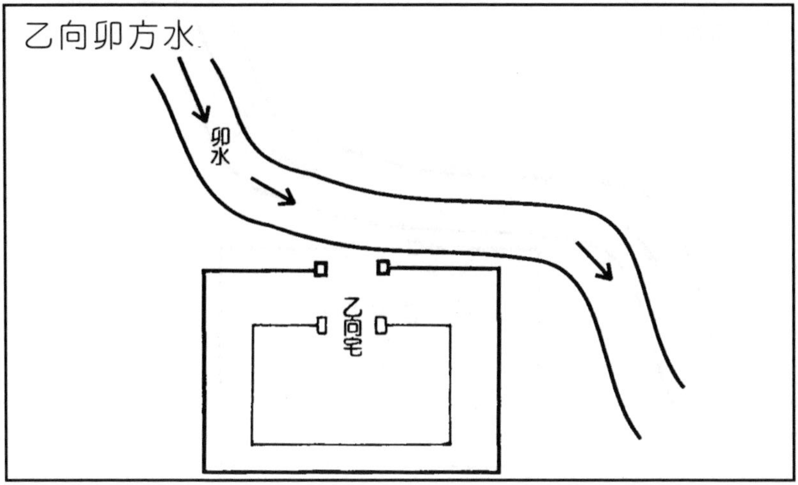

二、乙向收卯水

宅向如立乙向，卯方有溪水來，或卯方有水池，且能見水光謂之八煞水。如圖所示：

宅立乙向，宅左前方之卯有溪水流向宅前。立於宅門，見卯方有水光照宅，謂之八煞來水。宅收到卯方來水，宅內的人會有手足殘疾，並且也會因癆病吐血而亡。因為乙是司手足又司喉舌，故有手足與吐血的疾病。又如乙卯同來水，則會剋妻，妻遭殃。

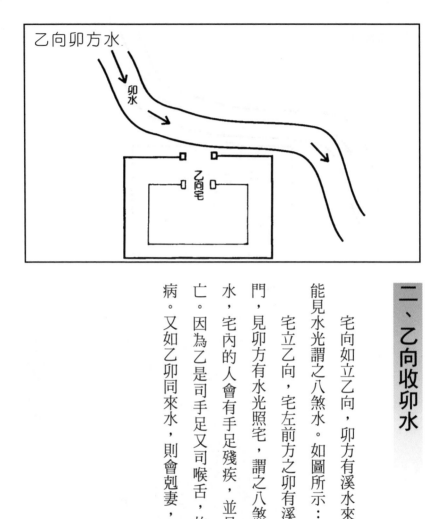

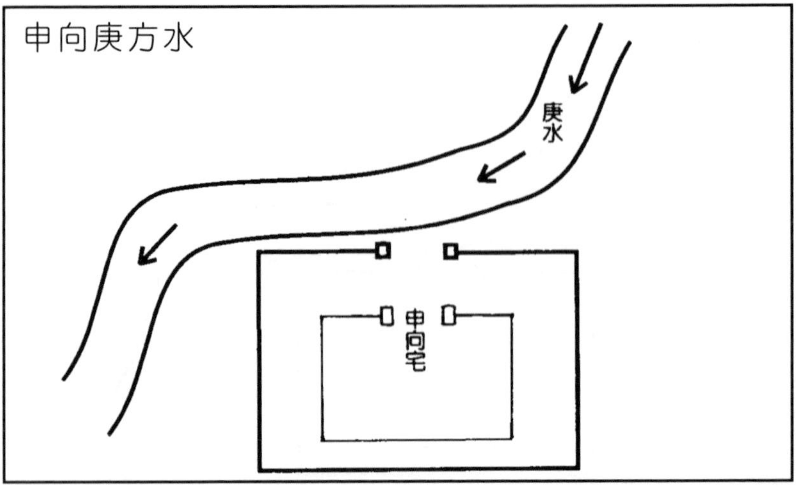

三、申向收庚水

宅向如立申向，庚方有溪水來，或庚方有水池，且能見水光謂之八煞水。如圖所示：

宅向立申向，宅右前方之庚有溪水流向宅前。立於宅門，見庚方有水光照宅，謂之八煞水。宅收到庚方來水，宅內的人會出不肖的男子，犯偷盜，遭刑罰且逃竄，最後絕亡。又如見庚申同來水，凶禍更重，會遭殺戮而亡。

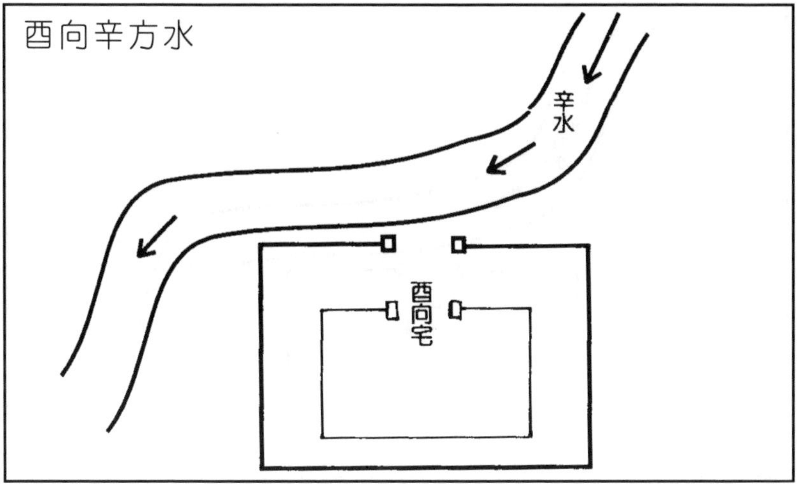

四、酉向收辛水

宅向如立酉向，辛方有溪水來，或辛方有水池，且能見水光謂之八煞水。如圖所示：

宅向立酉向，宅右前方之辛有溪水流向宅前。立於宅門，見辛方有水光照宅，謂之八煞水。宅收到辛方來水，宅內之人不發，若見辛酉同來水，又能合局，因宅向立陰向，雖能發富生財，可是因辛酉是八煞，為二女煞，會剋妻。酉向辛水，其凶比較其他的八煞為輕，是辛與酉均屬陰，淨陰的關係。

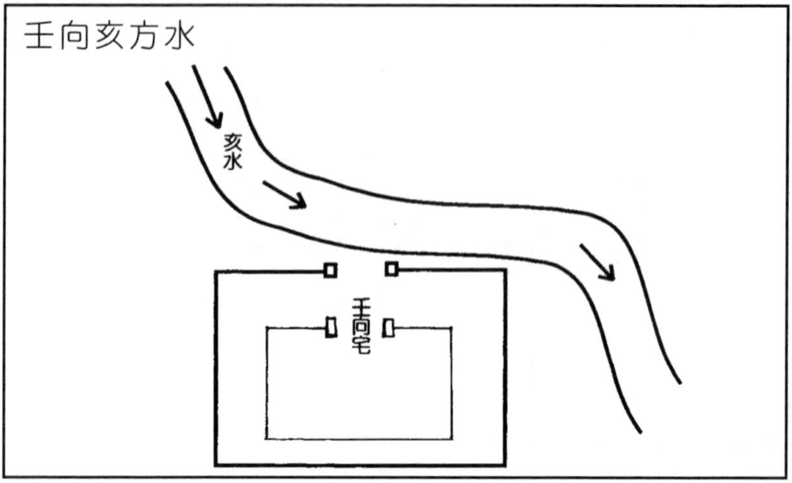

五、壬向收亥水

宅向如立壬向，亥方有溪水來，或亥方有水池，且能見水光謂之八煞水。如圖所示：

宅向立壬向，宅左前方之亥有溪水流向宅前。立於宅門，見亥方有水光照宅，謂之八煞水。宅收到亥方水來，宅內的人會出外遊蕩，身體會生黃腫，也會有落水之水厄等不祥之災禍。

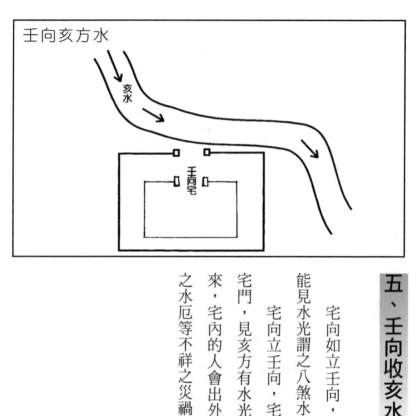

「八煞」歌訣中指出：「宅墓逢之一時休」，意指不僅陰宅忌怕八煞，陽宅也同樣要迴避，陽宅陰宅遇到八煞，很快就衰敗。八煞有八煞立向，八煞門、八煞氣、八煞水，當然也有八煞路。

所謂「八煞路」是宅的八煞方有馬路來，而其形勢向宅前微微傾斜至堂前，馬路來處恰在宅的八煞方位，即是八煞路。八煞路在市區人來車往，產生動氣，有如流水，稱為「無形水」，而在下雨時，路面雨水順勢而流，成為「實質水」，與水無兩樣。

「無形水」與「實質水」對於陽宅同等重要，其威力與影響相當，故筆者視路即是水而同等論之。

第七章 陽宅催財特別法

催財無他方，五鬼運財最靈光。
五鬼運財誰識端，待我都說穿。
元運掌生機，與時偕行貴無比。
三元不敗難解析，是書有階梯。

第一節　五鬼運財

以宅法來達到招財致福之方法很多種，只要所居住陽宅，能符合本書任何一種方法，都有其效應。在此特別將唐朝的地仙楊公（楊筠松）不傳之秘訣—「五鬼運財法」，予以公開並將其竅門盡洩出來，讓本書的讀者能援引使用，方不枉著書的目的。

一、催財之門路

楊公說：「陰宅得來水，陽宅用門路。」一般稍微懂得風水的人，都知道祖先墳墓，最喜歡能夠得水為先，因為水管財，想要發富，須先得來水，並消納得法。然而陽宅也同樣喜得來水，可招致財富，不過，現代陽宅，都聚集在城市裡，且高樓大廈比鄰，實際上很難得水，除非是鄉間的住宅。因此，城市裡的陽宅，只有門路可用了，為什麼門路可用？楊公他告訴我們：「陽宅用門路。」

陽宅的門路，是這宅子進出的通路，由於人或車的走動，帶動氣的流動，氣的流動肉眼是看不見的，而氣也會因勢而導，所謂「勢」是指門路的地勢。門路的地勢，有三種，第一種門路與宅基一樣的平，沒有高低之差。第二種是門路比宅基低，且向外邊斜出。第三種是門路比宅基稍為高，且從外向宅內傾斜而入至宅的前堂。門路因人走動所帶動的氣，就因為門路的地勢，導向宅外或導向宅內，導向宅外的，氣就往外出去，導向宅內的，氣就往宅內進入。這裡講催財之門路，就是要取第三種門路，能導氣進入宅內的，因為氣往宅外去，將會帶財出去，氣往宅內來，就會帶財來。

門路的地勢不僅會導氣，更會導水。向外傾斜的門路遇下雨時，路面的雨水，自然地往外流出；向內斜入的門路，雨水自然地向宅內流入。水是主財的，催財的門路，當然一定要雨水有向宅內流入的地勢，方合形勢的條件，所以說：「沒有形勢的配合是不靈驗的。」賴太素（賴布衣）說：「胡太傅巽龍地，言五鬼臨門不帶財，官為太傅也須貧。」古時候當官的必然都有財富，可是胡太傅，官當到太傅了，還是貧窮的。這是什麼道理呢？指的是胡太傅有一塊地巽方來龍脈，立了乾向，從巽的對宮起貪狼之方法，到乾為五鬼廉貞，到坤為天醫巨門，即是立了乾向，坤方不見水來，因坤方是乾向的巨門位置，不見水來就是巨門不帶財來，所以胡太傅（太子的老師）為官仍須貧窮，就是這個道理。

陽宅的門路除了高低形勢之外，還要三蔽一空，何謂「三蔽一空」？「三蔽」是指宅基三面有圍牆圍起來，或者有樹籬當圍牆，使宅三面的雜氣受阻擋而不入：「一空」是指宅所需要而能配合的那一方位，空出來做為門路，以便導氣與水進來。假如宅基門路以外三面，不圍起來，將使門路的氣不純而混雜別氣，就不會靈應。

催財的門路，必須要有形勢來配合，得宜的門路形勢，才算是催財的門路。

二、五鬼運財法

「五鬼」這個名詞，相信大家都聽過，尤其最近社會上用不正當方法洗錢的人，常被比喻為「五鬼搬運」，一般人印象中會因而感覺「五鬼」這名字，總與罪惡聯想一起。其實在陽宅的理論，只不過是一個名詞而已，與罪惡不可劃等號的。「五鬼」這個名詞，來自於「八宅明鏡」中，八個宅第與八卦八個方位的關係，所定出來的八個名詞中的一個而已，八個方位的關係名詞就是生氣、天醫、延年、伏位、絕命、五鬼、六煞、禍害。楊公也有八個星名與之相對應，即是貪狼─生氣、巨門─天醫、武曲─延年、輔弼─伏位、破軍─絕命、廉貞─五鬼、文曲─六煞、祿存─禍害。

「運財」是說搬運錢財，其速度很快且有效。「五鬼運財」合起來的意思，是說陽宅能運用到「五鬼運財」的方法，想要獲得財富，是非常快速而靈應。所以筆者就稱它為「催財特別法」。

「五鬼運財」法是源自於楊公，楊公曾經在虔州的山中，為一戶貧窮的人家，以陽宅的宅法救貧，他的陽宅課云：「辛龍甲向坤門路，只管用現財，自有五鬼運將來。辛龍即巽也，甲向即乾也；用對宮起貪之法，巽之貪狼在坎，巨門在坤，廉貞五鬼在乾，巽辛龍，立乾甲向為五鬼臨門也，坤乙巨門掌財帛；陽宅用門路，陰宅得水來，則五鬼帶財來，自然有現財可用矣。」「五鬼運財」就是楊公的宅法，所產生出來的名詞。

楊公對於「五鬼運財」法，說得非常清楚。筆者再以更簡單的說法，全部明示出來：

宅向立：　　門路來（巨門）：

（1）乾 ↕ 坤

（2）甲 ↕ 乙

（3）艮 ↕ 兌（酉）

（4）丙 ↕ 丁

（5）震（卯）↕ 巽

（6）庚 ↕ 辛

（7）離（午）↕ 坎（子）

（8）壬 ↕ 癸

以上八式，也可以將宅向變為門路，而門路變為宅向，互相調用，同樣是「五鬼運財」法。

這其中宅向乾配坤門路、宅向艮配酉門路、宅向午配子門路，實務運用難獲致，因為配不到這樣格局的宅向與門路。茲以圖示舉例說明：

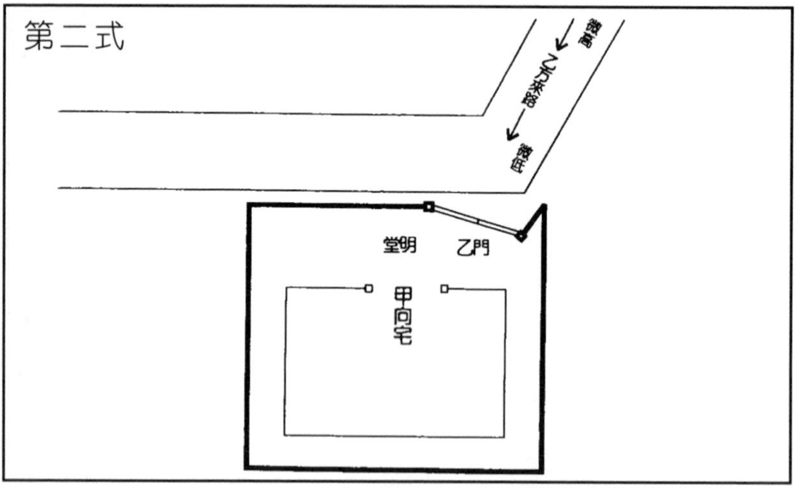

第（2）式：宅向甲，乙方巨門路來。

宅向立甲，乙方位門路。甲納於乾，乙納於坤，為天地定位之先天理氣。以輔星翻卦法，從乾卦翻到坤卦，即是巨門星；又從宅的坐山庚，庚納於震卦，翻到門路的乙（坤卦），即是廉貞五鬼星，所以是乙巨門掌財帛，五鬼臨門帶財來。甲乙均屬陽，合淨陰淨陽法。甲向得乙門路來，除可發富，有現財可用外，乙是二十八宿的氐宿與房宿之宮，大將之位，可掌有威權。甲為心宿之所，主因文章而有盛名，輔助元首。

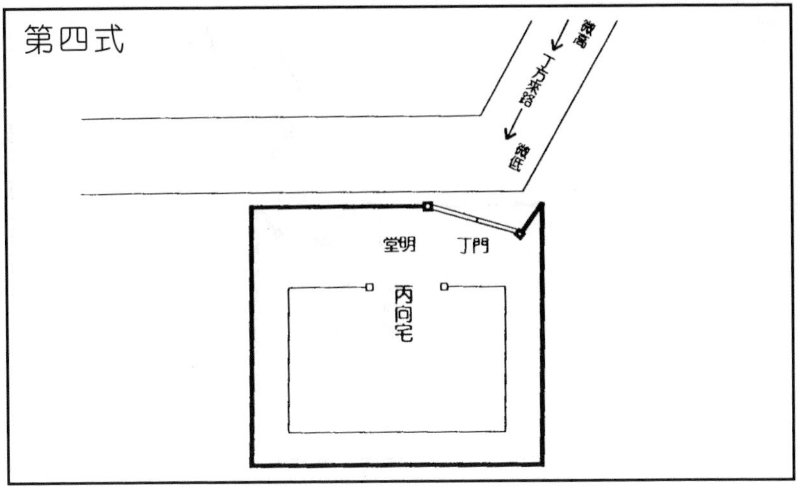

第（4）式：宅向丙，丁方巨門路來。

宅向立丙，丁方位門路。丙納於艮，丁納於兌；艮為山，兌為澤，山澤通氣之先天理氣。以輔星翻卦法，從艮卦翻到兌卦，即是巨門星；又宅坐山壬，壬納於離，離卦翻到門路的丁（兌卦），即是廉貞五鬼星，所以丁巨門掌財帛，五鬼臨門帶財來。丙丁皆屬陰，合淨陰淨陽法。丙向得丁門路來，除可發富有現財可用外，丁為二十八宿的柳宿與星宿之宮，主豐年壽考，健康長壽，又為赦文。丙為翼宿之所，三公化道及蠻夷遠客，也主赦文。凡陽宅得丙丁之合局者，為赦文路，主家無疾病，病者因藥而癒；家無凶禍，犯罪者可獲赦免。有爭訟之事，也必獲勝訟。

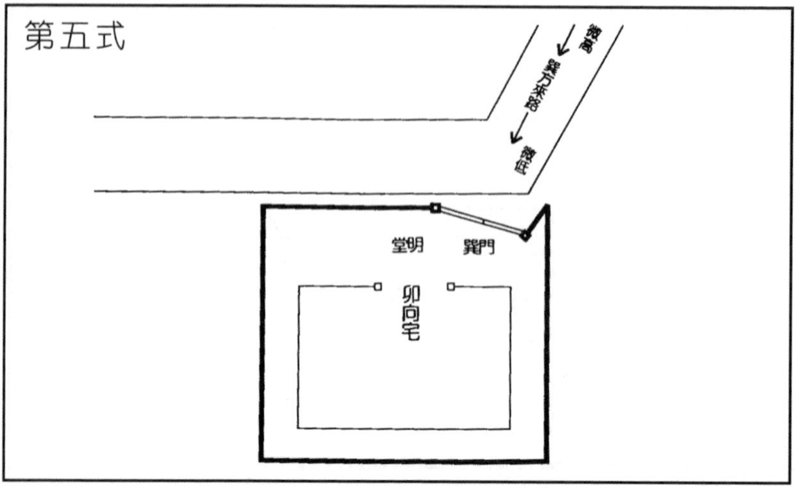

第（5）式：宅向卯，巽方巨門路來。

宅向立卯，巽方位門路。卯即是震，震為雷，巽為風，雷風相薄為先天理氣。以輔星翻卦法，從震卦翻到巽卦，即是巨門星；又從宅坐山酉，酉為兌卦，從兌卦翻到巽卦（對宮起貪）為廉貞五鬼星，所以巽巨門掌財帛，五鬼臨門帶財來。卯巽皆屬陰，合淨陰淨陽法，卯向得巽門路來，除可發富有現財可用外，巽為二十八宿角宿之宮，主造化萬物，佈君威信。又卯為房與心宿之所，主有文章威權。陽宅得卯巽合局，文章科甲而有權勢。

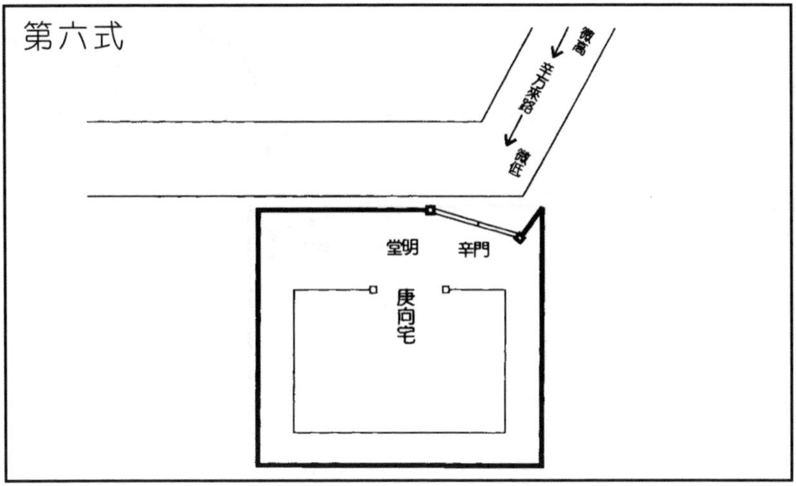

第（6）式：宅向庚、辛方巨門路來。

宅向立庚，辛方位門路。庚納於震，辛納於巽，震為雷，巽為風，雷風相薄之先天理氣。以輔星翻卦法，從震卦翻到巽卦，即是巨門星；從宅坐山甲，甲納於乾，從乾卦翻到巽卦為廉貞五鬼星，所以辛巨門掌財帛，五鬼臨門帶財來。庚辛皆屬陰，合淨陰淨陽法。庚向得辛門路來，除可發富有現財可用外，辛為二十八宿的胃宿，主文章，庚為觜宿之所，主三軍之令。陽宅得此合局，則文武全才。

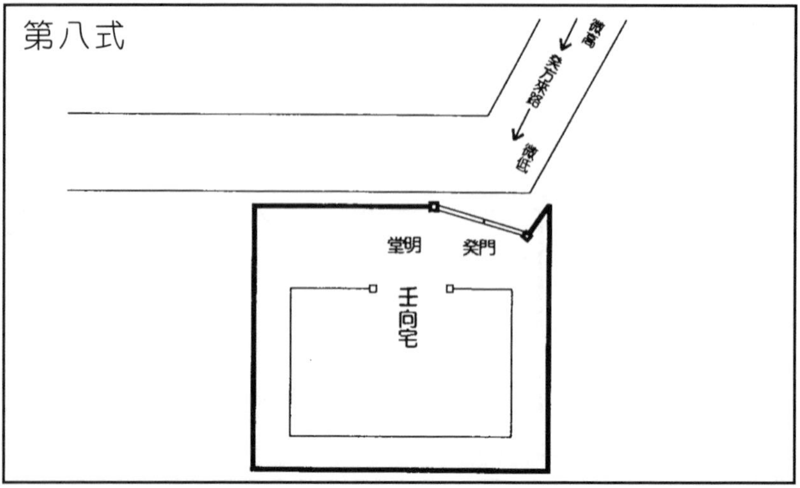

第（8）式：宅向壬，癸方巨門路來。

宅向立壬，癸方位門路。壬納於離，癸納於坎，離為火，坎為水，水火不相射之先天理氣。以輔星翻卦法，從離卦翻到坎卦，即是巨門星。從宅坐山丙，丙納於艮，從艮卦翻到坎卦（對宮起貪）為廉貞五鬼星，所以癸巨門掌財帛，五鬼臨門帶財來。壬癸皆屬陽，合淨陰淨陽法。壬向癸門路來，除可發富有現財可用外，癸為二十八宿的虛宿，主城邑廟堂祭祀，天下安樂。壬為室宿之所，主土木工程事。陽宅得此合局，全家安樂昌隆，事業順遂。

以上所論是五鬼運財的八卦理氣，而理氣要能靈驗，必須要有形勢來配合，否則，不會產生一定的效應。配合五鬼運財的形勢有二個訣竅，在此盡洩，以饗讀者，回饋讀閱本書而有所受益。第一個訣竅：五鬼運財的門路，是講來路，來路指前節催財之門路的第三種形勢的門路，路要來，而且路微微的高出門，路微高才能導水與氣入宅；宅前的明堂，要平整，才有蓄聚的情勢，水與氣到宅前才會停蓄，水與氣停蓄在宅前門口，就叫「水氣入喉」，水與氣能入喉才能產生應驗，否則，水與氣不入喉，財就進不來了，這點很多人不知道應用，以致不靈。第二個訣竅：圍牆大門要得位又得向。所謂「得位又得向」是指在哪方位開門，門的方向也要一樣。如在乙位開門，門的方向也要立乙向，否則位置雖對，方向卻錯了。這兩個訣竅是靈與不靈的關鍵，盼讀者能注意應用。因為實務，無法明白而直接指出來的，於此傾囊相授。

第二節 洛書生成水法

河圖有生成法，洛書也有生成法，唯河圖之數一、六共居北方，三、八共居東方，二、七共居南方，四、九共居西方，五、十共居中央，代表地之五方。而洛書之數，一數居北方，六居西北方。三居東方，八居東北方。四居東南方，九居南方。二居西南方，七居西方，五居中央。每一數各居一方，分居地之八方。

洛書之生成原理，為：

天一生坎水，地六乾成之，　一六共水宗

地二生坤火，天七兑成之，　二七同火道

天三生震木，地八艮成之，　三八為木朋

四九為金友

地四生巽金，天九離成之。

由上之洛書生成原理，可以配成四局，互相更換而成八局。宅向坎（子）收乾方水，宅向乾收子方水，為一共水宗。宅向坤收兌（酉）方水，宅向酉收坤方水，為二七同火途。宅向震（卯）收艮方水，宅向艮收卯方水，為三八為木朋。宅向巽收離（午）方水，宅向午收巽方水，為四九為金友。

以上洛書生成八局水法，以圖示說明如下：

一六共水宗局

(一)宅向坎收乾水局

宅向坎（子），收乾水來，坎居洛書北方一數，乾居西北方六數此水局為一六共水宗。

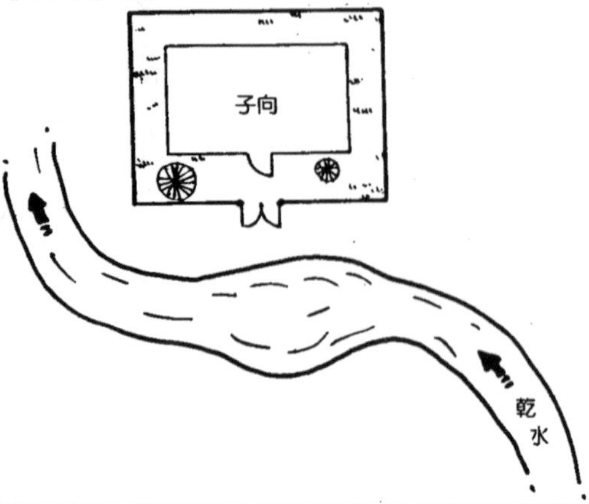

(二)宅向乾收坎水局

宅向乾，收子方來路，或路面雨水，也配成一六共宗水局。

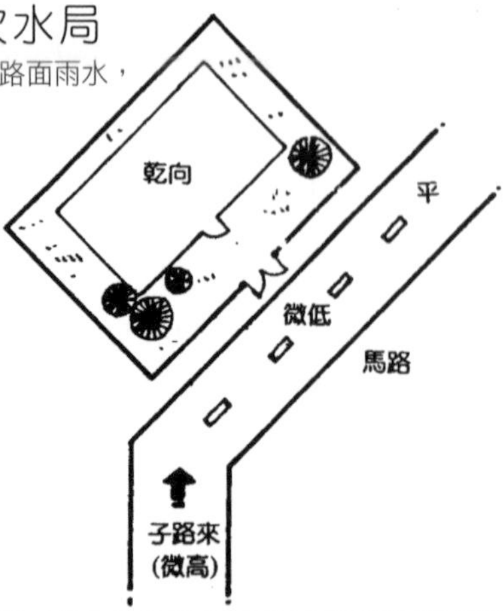

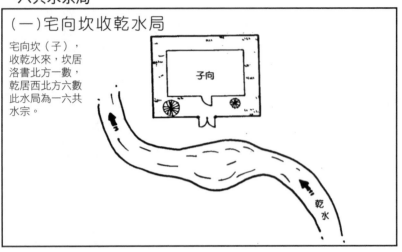

二七同火道局

(三)宅向坤收兌水局

宅向坤，收兌（酉）方水，坤居洛書西南方二數，兌居西方七數，此水局為二七同道。

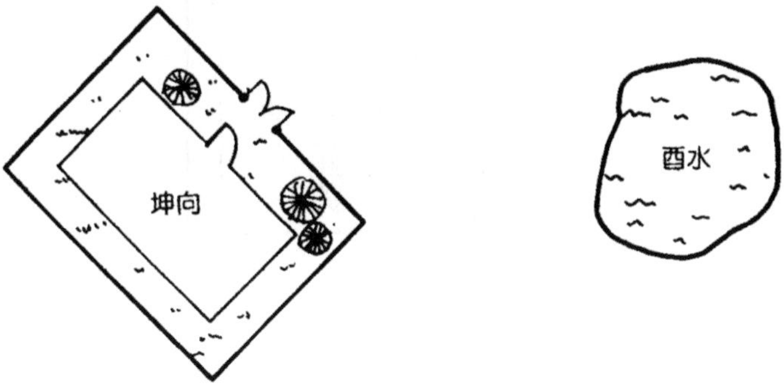

(四)宅向兌收坤水局

宅向酉，收坤方來路，或路面雨水，也配成二七同道水局。

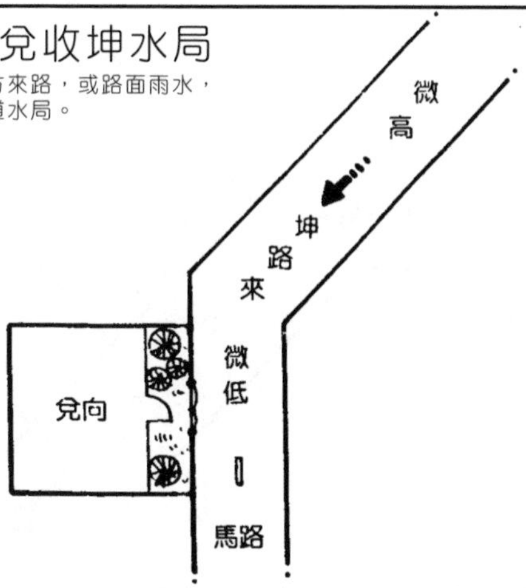

三八為木朋局

(五)宅向震收艮水局

宅向震（卯），收艮方水，
震居洛書東方三數，艮居東
北方八數，此水局為三八為
朋。

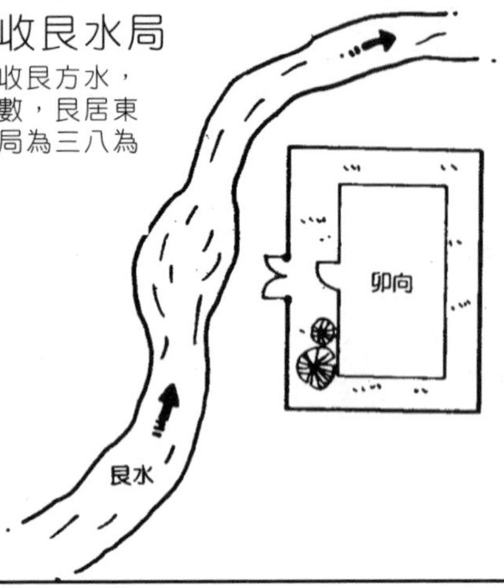

(六)宅向艮收震水局

宅向艮，收卯方水或來路之雨水，
也配成三八為朋水局。

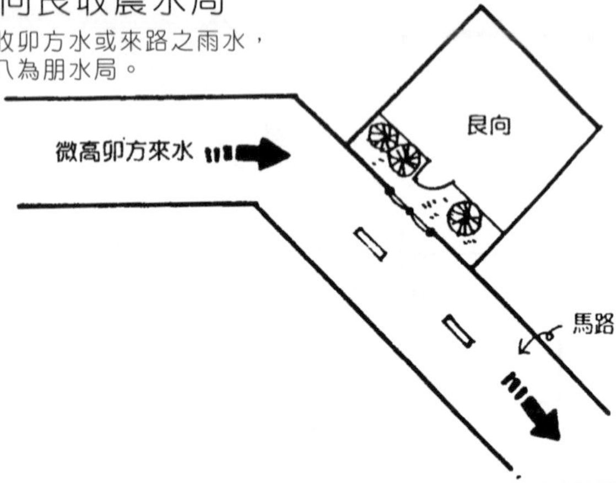

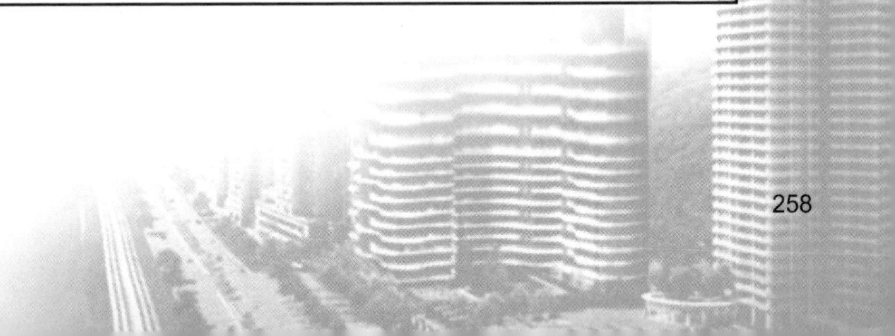

四九為金友局

(七)宅向巽收離水局

宅向巽，收離（午）方來路之雨水，
巽居洛書東南方四數，離居南方九數，
此水局為四九為友。

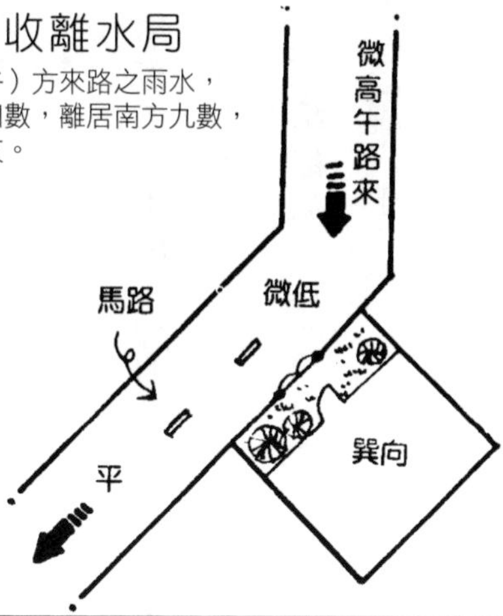

(八)宅向離收巽水局

宅向離（午），收巽方來水，也配成四九為友水局。元運至中元六運時，
收巽方來水或來路之雨水為旺水，可以救貧，朝貧暮富，驟發財富。

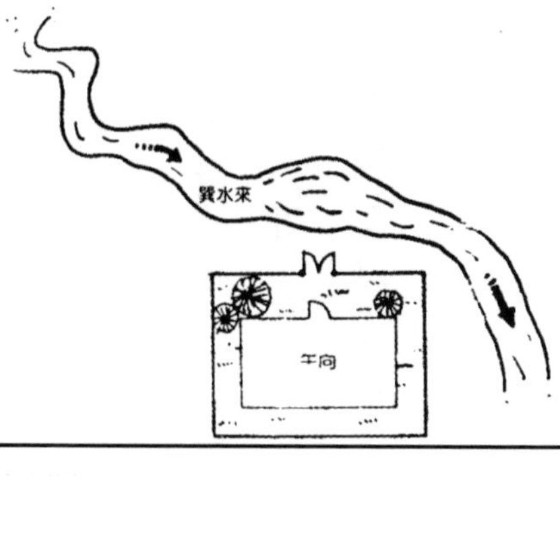

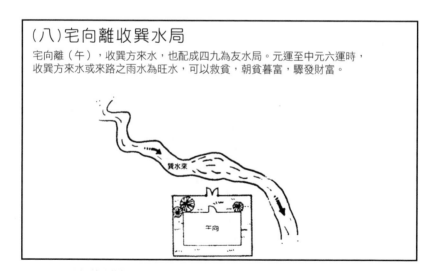

第三節 洛書生成特別用法——三元不敗

洛書生成水法，除前述四式八局用法之外，還有其特別用法，這種用法，將水變為門路，世人最為不懂，筆者也在此特別洩出，貢獻給大型陽宅使用，例如公司、工廠、醫院、三合院等大面積建築，如能合得下列特殊用法，可以三元不敗，福力綿延久遠，非常吉祥，讀者切莫輕忽視之！

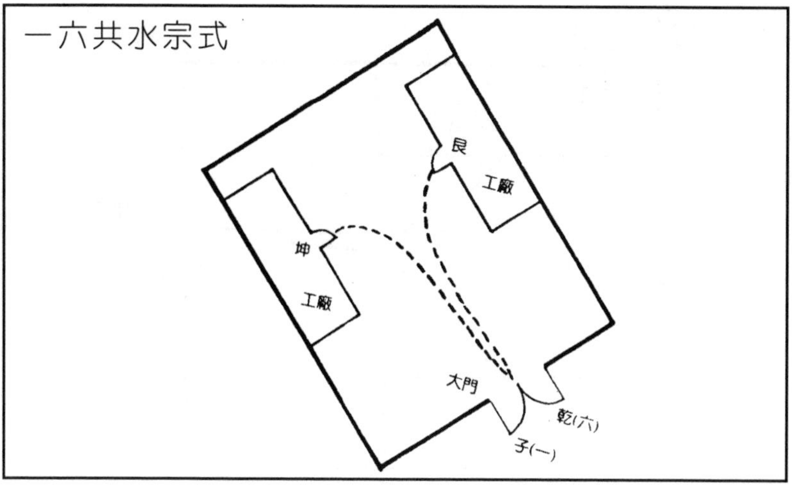

（一六共水宗式）

一棟艮向陽宅，對面為坤向陽宅，兩棟相對，四周圍牆，開一大門共同使用。在艮向宅門口，以羅盤格之，大門在子方位：在坤向宅門口，以羅盤格之，大門在乾方位。同一大門，以艮坤兩宅之立場來看，子乾同位，子為一，乾為六，故謂「一六共宗」二個宅的向與一個大門方位，共有坤艮子乾四個方位，元運若更替至該四方位，即謂得元之旺宅，必發財利，事無不成，共計有八十年，四個方位輪值的機率很大，只要知道元運之輪換更替，即是三元不敗之宅。

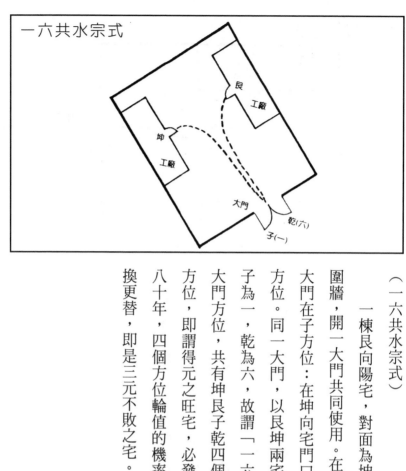

二七同火道式

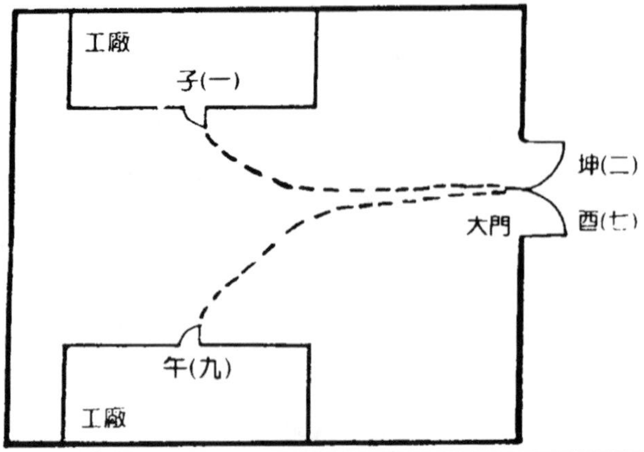

（二七同火道式）

子向與午向陽宅各一棟，相向而對，四周圍牆，兩宅共同使用一個大門，形勢上因四周圍牆圍之，構成三蔽一空，「三蔽」指三面圍牆，「一空」指一個大門進出，合乎陽宅形勢之要件，因三蔽雜氣不入，只從大門空處單純進出。在午向宅門口以羅盤格之，大門在坤方位；在子向宅門口，以羅盤格之，大門在酉位上，坤為二，酉為七，故謂「二七同道」，二個宅向，一個大門，共有子午坤酉四個方位，元運輪值列該四方位，即是得元之旺宅，必發財利，事無不成。

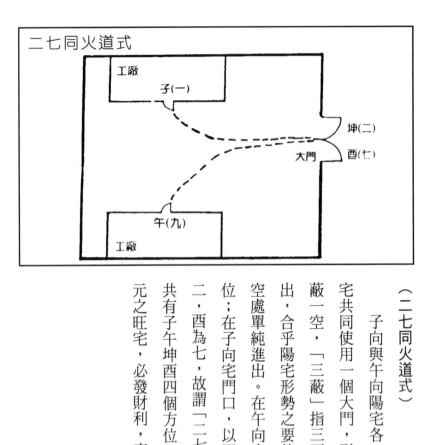

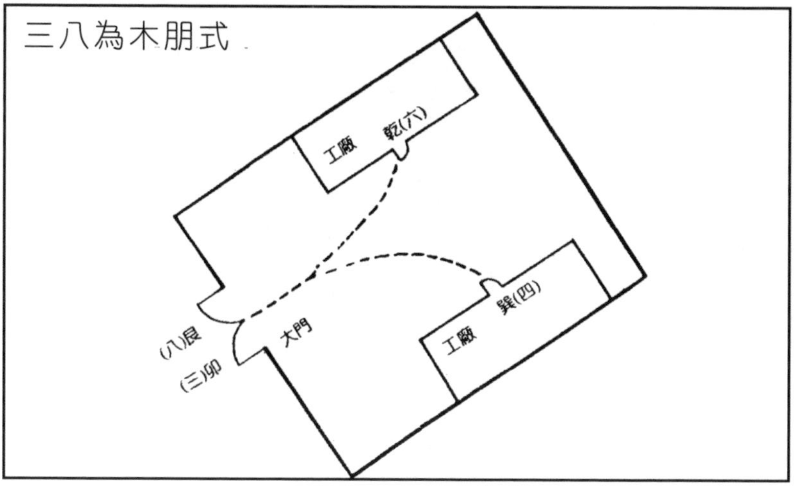

（三八為木朋式）

兩棟陽宅相向對立，一棟為巽向宅，一棟為乾向宅，四面圍牆，高有二公尺，僅留一個共同進出門口，形勢為三蔽一空，三面雜氣被圍牆阻隔，故合理氣的吉氣，即從大門而入。巽向宅人立門口，大門在卯位上，乾向宅人立門口，大門在艮位上，卯為三，艮為八，故謂「三八為朋」，理氣合法。二個宅向，一個大門，共有巽乾卯艮四個方位，元運輪值在該四方位，即是得元之旺宅，必發財利，事無不成。

四九為金友式

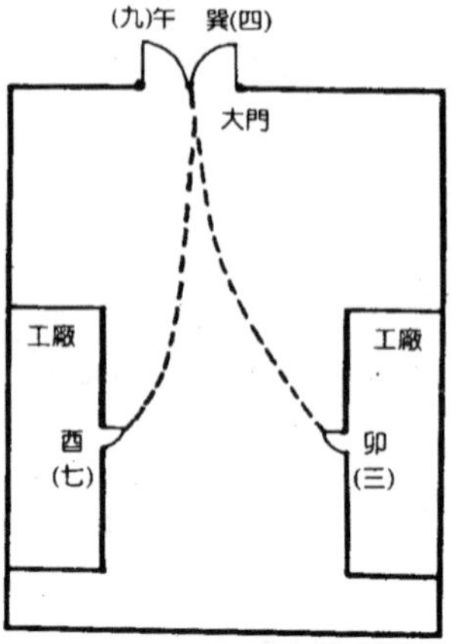

（四九為金友式）

有二棟工廠，依圖示而排列，門開在兩棟宅子之間，其餘空地，為人車活動之空間。四周以圍牆圍之，牆高必要二公尺以上，才能阻隔不必要之雜氣。共設一個大門，即是人車進出之氣口位置依兩宅向配之。如卯向宅大門在巽位上，酉向宅大門在午位上，一個大門有二個方位之實質關係，以卯、酉向宅而言，這道大門，有巽午關係，巽為四，午為九，故謂「四九為友」，理氣合法，二個宅及一大門，共有卯酉巽午四個方位，元運輪值在該四方位，即為得元之旺宅主發財利，事無不成。

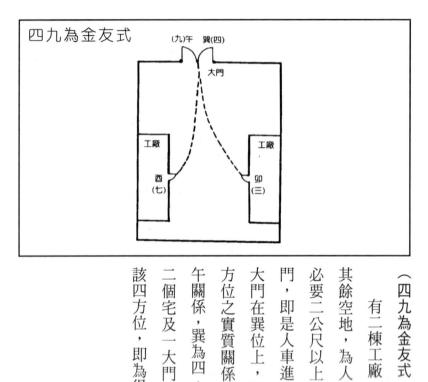

洛書生成特別用法，可構成三元不敗之陽宅。除非是真正的堪輿大師，否則不會知道其實務用法，所舉實例即是標準用法。何以可構成三元不敗？三元分上中下三元，每元為六十年一甲子，三元共計一八〇年，週而復始，輪流更值，而每元又有三運，每運二十年，上元分一二三運，中元分四五六運，下元分七八九運，現在是值下元八白運中，即民國九十三年至一百一十二年止。例如四九為友式，二棟陽宅相對立，一為卯向，一為酉向，圍牆大門共用，以卯向宅門口格羅盤，大門設在巽方位上，以酉向宅門口看大門，即在午方位上，巽居洛書之四數，午（離）居洛書之九數，同一大門含有四九之數，即四九為友式，因此，元運輪值到該四個方位卯酉巽午時，該四九為友式，均稱為得元運之旺宅。因為三元指的是一八〇年，時間太過長久，一個人一生黃金年華，以三十歲出社會工作，到六十歲或六十五歲退休，也只不過三十或三十五年，一元六十年，可橫跨三代，已是三代興旺了，若能遇到洛書生成特別用法之陽宅，三代興旺，非常難能可貴，已是幸福中之最幸福的人。

用法已經說明清楚，不過知道用法還不夠，必須還要知道真正元運，以及交替輪值法則，否則徒有其式，天運不配合，難以產生催化作用。人生只不過百年，黃金歲月也只三十春秋，

在最重要時段，若不能住上一戶旺宅，幫助事業蒸蒸日上，家庭美滿，身體健康，實在會令人感到惋惜。因此，每個人均需要懂得宅法，去選擇一戶能令你永遠成功之宅居，是人生最重要的一件事。

第四節 當今陽宅元運旺水——致富之秘訣

千古以來堪輿家言地理，注重在山川形勢之美惡與八卦理氣之配合運用，形勢以龍穴砂水，理氣以依龍依砂依水，如何分金坐度立向以配合之，此為堪輿家不可或缺而所偏重者，即言形勢之巒頭配合八卦之理氣，兩者兼備，是為全美。唯察形勢與理氣，也只不過是空間審視，我（指穴）與他方（指龍、砂、水）之相對關係而已！形勢再怎樣之美好，理氣用得如何再精密，離不開空間相對待之範疇。地理風水另外一個重要之因素—時間，時間因素要能掌握。空間與時間配合，才能即時發揮作用。只重形勢與理氣，偏廢時間，只能說言及一半而已；所以常有人感嘆，山川形勢美好，立向理氣合法，不能即時招祥致福，只能怪不懂得空間與時間的配合。時間即是元運，唯有元運之配合山川形勢理氣，堪輿家才能真正「打動山川，扭轉乾坤」，否則，只嘆奈何！甚或抵毀風水是迷信。

注重地理風水者，均首重圖謀本身立即能受益，以助其追求人生幸福與事業發達，如果只圖後代發福發富，則為緩不濟急，因為後代看不到，對自己無幫助，不能立即受用受益，對現代人來說，豈非毫無意義。陽宅對人之禍福影響最為快速，而陽宅水法，是宅法中禍福之根源。水法如前言之合局外，更要了解如何選擇配合元運。現階段，收哪方的水，才能起作用，才能幫助你發富，這才是本書的目的。例如元運來到下元第七運中，陽宅相對的卯方有湖水池水或溪水來，並在宅前卯方有蓄聚停留形勢，宅之立向應合後天八卦方位與洛書之數，採用三八為朋立局，那卯方之水就是致富之水，就是合元運當旺之水，合元運當旺之水，才起得了作用，才能催財，才能救貧，才能致富。

前段說法可能還不夠詳細，特再舉實例繪圖予說明，以饗讀者，元運來到下元七運自西元一九八四年至二〇〇三年（民國七十三年至九十二年止），二十年之間，陽宅水法中當旺而能扭轉乾坤，即是採用後天八卦洛書之數，三八為朋水局，宅立艮向，艮居東北，洛書之數為八，收卯方來水或湖水池水，卯居東方，洛書之數為三，宅向為八，水為三，三八為

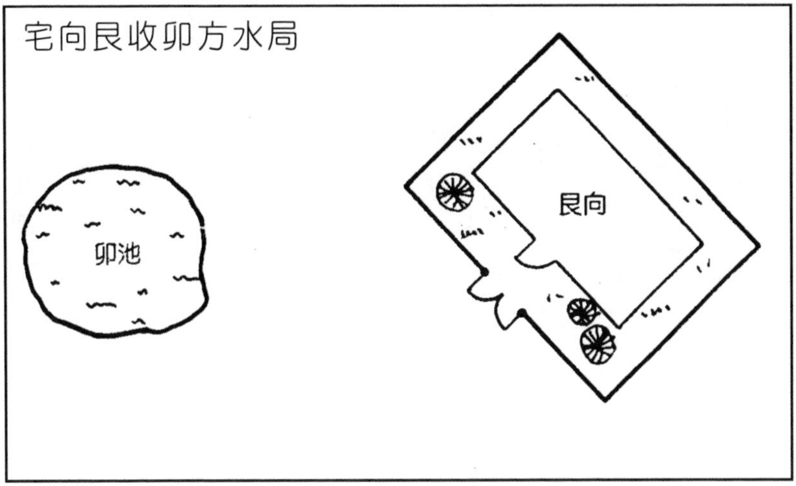

朋之局。卯方之水即是七運中當旺之水，此水能催財，可以驟發財富，可以朝悴暮榮。

（宅向艮收卯水）

如天運行至七赤兌卦時，陽宅納水，應納震（卯）卦水，震卦水稱之謂天心正運當值之旺水，只要宅之震卦方位上有湖池水，且沉淨清澈，可見水光，皆稱之震卦水。震卦水，宅立艮向以配之，震之洛書數為三，艮之數為八，合三八為朋之理。

七運時，宅立艮向，卯方上有水，是謂之空間，即是形勢巒頭，取三八為朋之局，是為理氣。而在此時能納得震卦水，是謂之得運。巒頭、理氣、時間能完全配合，堪輿才稱完備。震卦水在七運中得旺，才能產生催化運財作用，催財快速故能驟富，才能救貧。是為致富之秘訣，於此洩出。閱讀本書，得知此局，獲福非淺。

宅前之右前方卯，有溪水朝宅門前流入，囊聚凝結不去，建宅立艮向。就形勢上言，有卯方水且囊聚，是水之形勢。就卦氣上言，依水立艮向宅，配合成三八為朋之水局。形勢理氣兼備，也僅止於空間而已。然時間上，若遇下元七運管事，選擇卯方有水，卯方就是時間上之旺水，唯有在七運時中，選擇卯水，才能即時發揮作用，產生致富救貧之功效，否則，只有合局水法，而沒有起作用之運，很多人因此認為風水不靈，是其不懂真正之旺水，實務上亦不懂得運用，所以會產生誤解，只因世人未悟古聖賢之心。

真正元運，與其實務之運用，古聖先賢均不著於書，秘而不宣，即使有所著作，也半含半吐，咸認為是天機，不可輕洩，只有在其得意而忠厚老實門人，以口授心傳方式流傳。筆者幸得先師之口授心傳，才得以研讀蔣大鴻地理辨正，悟得楊筠松之「青囊奧語」、「都天寶照經」、「天玉經」有關元運之真精髓。

唯水運與山運不同，納水要取旺水，而旺水之方絕不可當作山運使用，因山管山，水管水，山水不同，如將水運誤當山運使用，即會發生凶禍。旺水之方，僅可做為納水使用，慎之，謹記。

第八章 元運

元運造化機　先賢不我欺
世人費猜疑　唯有黃楊蔣
心傳誰肯講　悟得恒榮昌

第一節　三元氣運

元是指中國以十個天干十二個地支，配合一個上干下支的組合，來記年或者月、日、時的方法，例如甲子、乙丑、丙寅等之類。十天干十二地支全部組合起來，共有六十個組，一個組合記一年，總共可記六十年，也就從甲子年起到癸亥年止一輪共六十年，一般稱為一個甲子，也稱為一元。一元為六十年，三元為一百八十年，稱為一周天。三元又分為上中下三元，每一元開始均從甲子年起，上中下元順序而來，因此，我們知道三元是記年之數。運是指八卦九宮之輪替。

八卦九宮就是一白坎、二黑坤、三碧震、四綠巽、五中黃、六白乾、七赤兌、八白艮、九紫離。

八卦九個宮位，其輪替是從一白坎起，每一宮有二十年，到九紫離止，其中五黃因在卦之中位，前十年寄於四綠巽，後十年寄於六白乾，故九宮一輪共計一百八十年，即上中下元一輪，因此，我們知道上元六十年分配在一白坎宮、二黑坤宮、三碧震宮；中元六十年分配在四綠巽宮、五黃中宮、六白乾宮；下元六十年分配在七赤兌宮、八白艮宮、九紫離宮。目前運是在八白艮運中，是下元第二個二十年，從甲申年起即民國九十三年，數二十年到癸卯即民國一百一十二年止。再從甲辰年起即民國一百十三年起，數二十年到癸亥民國一百三十二年止為下元第三個二十年，是九紫離運。週而復始，一直交替下去。

元運既是三元九運，那記年的元配合八卦九個運的交替，每運二十年，例如目前在下元八白艮管運司令，在這個運當中，八卦二十四個方位，那些個方位是當值之運，運又分為正運與宮運。正運就是蔣大鴻所言的天心正運，天心正運落在何宮位，就是他在其所著之「地理辨正補義」中，大書特書講得非常神秘，又深怕輕易洩漏出來，所傳非人，犯了天條大罪，犯了造物者之忌諱，而不敢筆之於書，他認為這是天機，洩漏天機，就是犯天條大罪，禍不旋踵。

天心正運力量非常大，宮運力量較小，但也可用。天心正運有許多不同的名詞，例如「青囊經」講「氣」；「青囊奧語」講「元空」；「天玉經」中將大鴻注解曰「天地」、曰「東西」、曰「父母」、曰「元空」、曰「挨星」，名異而實同；「都天寶照經」講「元機」；

蔣大鴻又講「元空大卦」、「陰陽大五行」，在「天玉經」又說「江東一卦」，在「都天寶照經」中又講「天心」、「天運」、「天機」、「天心正運」，講「陰陽」、「些子」、「元關一竅」，講「天之真消息」、「地之真消息」、「乾坤真消息」。講「陰陽大交媾」、「賓主相交接」，論「生旺氣」等等，不一而盡。為什麼會立了這麼多的名詞，總歸就是要凸顯「運」的重要以及不可輕傳之意。

第二節 氣運妙旨

三元氣運何以被歷代的堪輿先師，看得這麼重要，而不可隨意輕傳，若輕傳即有洩漏天機之虞，馬上大禍臨頭。這有其中的道理，因為這個氣運，隨同天上北斗九星轉移，天上北斗星主司元氣，化育天下萬物。北斗星的斗柄如果指向東，天下皆春，萬物開始啟發生機，滋長茁壯：如果斗柄指向西，天下皆秋，肅殺之氣，彌蓋四方，萬物收藏。一生一殺，天下萬物萬事皆隨著斗柄為轉移，斗柄轉移則天下春夏秋冬隨之更替。氣運隨北斗九星轉移，其力量之大以及其影響，就如同一生一殺，一興一衰，氣運轉到那宮、那卦、那地。那宮、那卦、那地就像春天，充滿生機，如煞運轉到那宮、那卦、那地，像秋天一樣，到處殺氣騰騰，萬物蕭條。

堪輿家認定陰陽兩宅，必須要能乘此氣運。陰宅葬能乘此氣運，才能庇蔭後代子孫，榮華富貴，所以郭璞「葬書」說：「葬乘生氣」，生氣就是三元之生氣。陽宅也必須要納到此生氣，沒有納到當值的天運生氣，就起不了作用，不能發富發貴。所以陰宅陽宅，除要具備形勢（巒頭）與卦理（理氣）兩個條件之外，更要乘納這天運生氣，此是發富發貴的動能，有動能才能起得了作用，生氣是兩宅之權柄，掌握權柄，才能扭轉乾坤，才能奪得造化之神功。

三元家尤重氣運，陰陽兩宅因天運之降臨，萬事皆興，百凶降伏。天運一過煞氣降臨，則萬惡揚起，百事蕭條，禍事連連。

第三節 元運不傳之秘

元運為三元氣運，大家都知道，也知道目前是下元第二運之八白艮管運司令，可是在八白艮運中，其天心正運是落在何宮何卦何地？沒有人知道，因為自唐朝堪輿仙師楊筠松（稱為楊救貧）以後之曾文辿，宋朝之辜託長老之後，賴布衣、幕講禪師、蔣大鴻、姜垚、尹一勺等人，均密而不宣，這些人雖都有其著作流傳於今，可是他們保密的功夫，都到了家。

試看楊筠松所著「青囊奧語」，你看書名「奧語」兩字，就知道內容玄奧，不易明白。例如「坤壬乙巨門從頭出」、「雌雄交會合元空」、「顛又倒二十四山有珠寶，順逆行二十四山有火坑」。「坤壬乙」、「元空」、「珠寶」指的是天心正運，「火坑」指的是煞氣，落在何宮，也都沒有明講。

「青囊序」中說「江南能來江北望，江西龍去望江東」，「江南、江北、江西、江東」指的也是運，正運在那卦，也是個謎，讓後人去瞎猜。

「天玉經」中說「天地父母三般卦，時師未曾話，元空大卦神仙說，本是此經訣」，「元空」就是天心正運，蔣大鴻注解說「東西、父母、元空，恐學者得傳之後，以為太易而輕忽之，故極言讚美，以鄭重其詞。」東西、父母，元空在那裡也完全沒有說，注解了也等於白注解。

「都天寶照經」中說「筠松寶照真秘訣，父子雖親不肯說，若人得遇是前緣，天下橫行陸地仙」，連父子這樣親密關係，也不肯說出來，那在他著作中，也休想能有所得。

蔣大鴻更絕了，連他的學生姜垚，看他為人葬墳即發，問他何故，蔣大鴻笑而不答。所以蔣氏說：「道德不云乎，常無欲以觀其妙，常有欲以觀其竅，此正所謂元關一竅，大道無多，只爭那些子，那些子合得天機，週迴不好亦好，些子不合天機，週迴雖好，皆無用矣。陰山陽山，陰水陽水皆現成名色，處處是死的，唯有些子是活的，些子一變，陰不是陰，陽不是陽，陰可作陽，陽可作陰，故曰識得陰陽顛倒顛，便是大羅仙。」這「些子」就是天心正運，但是也沒講「些子」是什麼，後來的人就亂猜，甚至有什麼「些子法」出現，更離譜的，有什麼「大些子」法、「小些子」法、「連珠些子」法。尹一勺對這「些子」他說：「些子是活的！即交媾中五得天心正運之一卦所臨。」仍舊是沒有說出來，至今還是個大謎題。

歷經千百年，堪輿大師先賢均不肯明明白白的講出來，我想大概就如蔣大鴻所講的，以為太容易得到而輕忽它。另外一個原因是真的天機，中國人認為天機不可輕洩，洩漏了犯造物者之大忌，凶禍即降臨，恐犯大忌之故。也許可能天理註定，人生為禍易，求福難，所以天機必須隱而不顯，讓有德者，有緣者得之。才能感受到得之不易，更能珍藏、珍惜。

第四節
元運是堪輿最重要條件

堪輿學上最重要一句話，就是「巒頭無理氣不準，理氣無巒頭不靈。」「巒頭」就是指山與水的形勢，「理氣」就是指定穴立向，收山出煞所用之八卦道理。山水形勢之美惡，定穴立向之分金坐度，都離不開空間方位之關係。而元運講的是時間之流轉，何時天心正運，落在那個卦位或二十四方位中的那個宮位上，是時間上的關係。

陰宅與陽宅，除了各種形勢要合宜外，在定穴立向要注重八卦之理氣，使理氣能配合形勢，形勢也能配合理氣，更重要你要知道，當你在定穴立向時，這時候應該立那個向，才能乘到天心正運。選擇陽宅時，也要知道，現今那個宅向是當運的，分住臥房時，應該引納那方位的氣，才是天心正運之氣。也就是空間的選擇，要配合時間。時間就是元運，空間配合時間，才能產生效應，否則，「處處是死的」，陰陽兩宅就不靈了，就會被人誤解為迷信。光陰是百代過客，山川為萬古主人，山河不改，日月常轉。山河永不改變，時間恆流轉，知道三元九運的變化，掌握天心正運，納入我宅兆之中，為我所用，陰陽兩宅才能產生大的作用，才有拿造化的神功，改變運勢。

就是因為元運是陰陽兩宅，發與不發的關鍵，古聖先賢才這樣的一再打啞語，你就可知道三元九運的重要了。蔣大鴻云：「言地理之要，只在衰旺生死之辨也，衰旺有運，生死乘時，陰陽元妙之理，在乎知時。」「知時」就是懂得三元九運。

第五節 三元氣運之典籍記載

三元氣運的論說，郭璞（景純）的「葬書」有云：「葬乘生氣。」葬墳要接納到生氣，不可納到死氣，生氣就是當值的三元氣運。黃石公的「青囊經」有云：「流行終始。」三元氣運流佈於八卦，週而復始。曾文迚的「青囊序」有云：「朱雀發源生旺氣。」蔣大鴻，解釋說：「朱雀發源得生旺之氣，來源既得生旺即是來龍生旺，而諸福坐至矣；來源若不生旺則來龍亦不生旺，而禍不旋踵矣。」生旺之氣也就是三元九運當值的氣運。楊筠松的「青囊奧語」云：「認龍立向要分明，在人仔細辨天心。」天心就是三元九運的天心正運，「天玉經」又云：「坎離水火中天過。」，是指元運之流佈，楊筠松的「都天寶照經」中云：「天機妙訣本不同，八卦只有一卦通。」這裡楊筠松講得比黃石公的「流行終始」更為明白，三元氣運流佈八卦，每一個運只落在一卦上，所以說八卦只有一卦通，「通」就是天心正運所臨的卦可以用，其他的衰氣死氣煞氣不可用。

陽宅以收納氣為主，氣就是天運，三元九運的生旺氣，蔣大鴻在「天元五歌」中之論陽宅篇指出：「九重三門八卦排，只取三元生旺氣，引他入室是胞胎。」又曰：「八宅因門坐向空，三元衰旺是真宗，運遇遷流宅氣改，人家廢興巧相逢。」一家的興廢，要視你的陽宅是納到三元九運的旺氣或衰氣而定。筆者以為衰旺氣。不能僅憑「巧相逢」，必須要懂得三元九運的分佈流轉，才能適時掌握，在人生最精華的階段，住上一戶當運的宅子，助你事業、家庭，永遠是順利、和諧。這才是研讀宅法最優先最重要的目的。

第六節 三元下卦起星

「都天寶照經」中說：「天機妙訣本不同，八卦只有一卦通。……此水合得天心造化工。」蔣大鴻解釋說：「一部寶照，不下數千言，皆半含半吐，至此忽然漏泄，蓋陰陽大卦，不過八卦之理，而篇中乃云八卦不是真妙訣者，正為不得真傳，不明用卦之法故也，而所以不明用卦之法者，因泛言八卦而不知八卦之中，止有一卦可用故也，大五行秘訣不過能用此一卦，即從此一卦流轉九星，便知乾坤艮巽諸卦，落在何宮，二十四山干支，落在何宮，或吉或凶指掌瞭然矣。」又說：「何能契合以天心而造化在手乎，天心即天運，非善人合天之家，不能遇也。大五行謂一卦，指天心正運之一卦也，篇中露此二字，其間元妙難以名言，楊公雖出天心一卦之端，而其『下卦起星』之訣，究竟未嘗顯言，則天機秘密，須待口傳，

下卦起星

	巽	離	坤	
	9	5	7	
震	8	**1**	3	兌
	4	6	2	
	艮	坎	乾	

不敢筆之於書也。」

三元的「下卦起星」，蔣大鴻講得很清楚，楊公根本就沒有流傳在書上，後來的人就模擬了「下卦起星」的意思，編纂了很多複雜的排列運作的方法，弄得世人不知所以，難辨真偽。其實這個推算天心正運的「下卦起星」，是非常的簡單。天欲將其大道示知於人，不可能弄得非常複雜，太複雜了人就無從了解，例如河圖洛書，其數也很簡單，可是大道理、大天機都蘊含在中。「下卦起星」也是一樣，以先天之理，河圖之數為體，用後天之方，洛書之位為用，上元則自坤母長女以順至中女少女，這是主內主氣。另由乾父長男以順至中男少男，這是主外主水。下元則相反逆數，有循環的妙理，也有始終的威權，也有順逆的主宰。

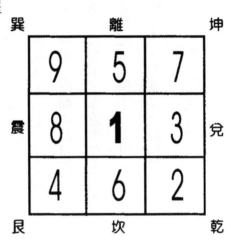

「下卦起星」是以後天八卦配以九星的宮位，以三元九運數，飛入中宮，則八方的八宮，再以排山掌訣輪佈八宮，例如一白坎管運時，將一數飛入中宮，第二位為乾宮，第三位為兌宮，第四位為艮宮，第五位為離宮，第六位為坎，第七位為坤宮，第八位為震宮，第九位為巽宮，以圖示之：

如圖所示就是「下卦起星」，其用法即是將當值之三元九運，飛入中宮，以排山掌訣之順序輪佈。很簡單就可從這「下卦起星」中明白那一卦是天心正運所臨，九運九個字，你知道了這個字，那造化在手。所以蔣大鴻感慨的說：「大道無多，只爭那些子」，「那些子」就是這「九個字」而已。這九個字知道了，你就識得真陰真陽，陰陽大交媾，陰陽順逆，陰陽顛倒，你就是大羅仙了。

第七節　卦分天地人三卦

八卦每卦再分為三，共計二十四方位，如坎卦有壬子癸、離卦有丙午丁、兌卦有庚酉辛、震卦有甲卯乙、乾卦有戌乾亥、艮卦有丑艮寅、巽卦有辰巽巳、坤卦有未坤申。而八卦之中氣子午卯酉及乾坤艮巽，稱為父母卦，因為是卦的中氣，左右可兼子女。如癸乙丁辛在子卯午酉右旁，故稱為順子。又戌丑辰未在乾艮巽坤的左旁，故稱為順女。壬甲丙庚在子卯午酉的左旁，故稱為逆子，因係戌丑辰未的夫婿，夫婿為別姓之子，與子卯午酉不同血親的關係，故不與其同行。亥寅巳申在乾艮巽坤之右旁，故稱為媳婦，因係癸乙丁辛的妻子，媳婦也是別姓的女兒，與乾艮巽坤不同血緣，所以不與其同行。故甲庚丙壬配辰戌丑未稱江東卦。乙辛丁癸配寅申巳亥為夫婦稱江西卦，又因辰戌丑未是乾坤艮巽的女兒，母女有相顧之情，故順子與女兒可以同行，逆女媳婦與逆子女婿不可同行，必須獨行。同行者即可互兼，獨行者絕不可互兼。

由前可知，「天玉經」所云：「南北八神共一卦。」指的就是子午卯酉及乾坤艮巽，這八卦的中氣，為卦之父母，即稱為父母共一卦。乙辛丁癸是子午卯酉的順子，有同行之義，故經云：「八神四個二」者即是。又甲庚丙壬是子午卯酉的逆子（女婿），沒有同行之義，一卦只管一卦事，更不能與其他卦流通，所以經云：「八神四個一」者即是。

子午卯酉乾坤艮巽既為父母卦，為卦之中氣稱為天元。乙辛丁癸配寅申巳亥為江西卦，卦之子媳稱人元。甲庚丙壬配辰戌丑未江東卦，卦之女婿稱為地元。故凡辨來龍立向，必須辨明此三卦之可兼與不可兼，此是龍之單清雙清分辨要旨秘訣。例如乙辛丁癸與辰戌丑未相兼，是犯了縱橫相雜，又是別宮的差錯，就是大差錯。又如甲庚丙壬與子午卯酉相兼，是同宮的差錯，均不可誤犯。犯之即是大凶。

天地人三卦又分陰分陽，乾亥壬艮寅甲、巽巳丙坤申庚十二宮為陽。子癸丑卯乙辰、午丁未酉辛戌十二宮為陰。此為二十四山向分陰分陽法。非天心正運之真陰真陽，不可混淆。

第八節　三元以二十四山向為主

由於「下卦起星」並無筆之於書的方式流傳下來，只用口傳。時下很多從事堪輿風水者，紛紛立說，有的將八卦細分為六十四小卦，有的將二十四山向的山星向星再起卦，認為到向或到山是當值的元運，以此認定二十四山的元運，就是三元當旺的天運，皆有所偏。

三元九運真正的推演法，只要以前節所述之「下卦起星」，看天心正運落在何卦，這個卦就是當值的天心正運所臨。在「青囊奧語」中楊筠松明白指出：「顛顛倒二十四山有珠寶，順逆行二十四山有火坑。」三元九運的當值正運，落在那一卦，那一卦就有珠寶，煞氣落在那一卦就是火坑。又說：「二十四山分五行，知得榮枯死與生。」天心正運落處就是榮發生機，正運一走煞氣一來，便是枯萎而死。另又從「天玉經」說：「二十四龍管三卦，莫與時師話，忽然知得便通仙。」蔣大鴻注云：「二十四龍本是八卦，而八卦又分為三卦，此元空之秘，必須口傳。」尹一勺說：「二十四龍不作八卦，不作四卦乃作三卦，此天寶之秘笈也，知得通仙。」

從先賢地仙所遺之作，在在可以看出，三元九運只講二十四山向而已，不必細分六十四小卦。「青囊奧語」云：「雌與雄交會合元空，雄與雌元空卦內推。」「天玉經」云：「關天關地定雌雄，富貴此中逢，翻天倒地對不同，秘密在元空。」「元空」指的是，八卦二十四山向的大卦，非小卦也。

八卦每一卦的三個山向，因天地人三元而有不同，天運的流輪天元人元可同行，地元必須獨飛，故天運落處的卦位，只有天元人元當旺，地元是不可同論的。地元有地元的挨法。在此特別指出，以免誤解，以致誤用，慎哉！慎哉！

第九節 三元山運水運不同

「青囊序」云：「一生二兮，二生三，三生萬物是元關，山管山兮，水管水，此是陰陽不得言。」蔣大鴻云：「此乃天地之元關，萬物生生之橐籥也，又恐人認山水為一，而不知辨別，故言山之元關自管山，水之元關自管水，不相混雜，蓋山有山之陰陽，而水有水之陰陽爾，通乎此義則世之言龍穴砂水者，真未夢見矣。」

三元九運是有山運與水運之不同，不可混雜，山龍有山龍的運，水有水的運，所以又云：「二十四山分順逆共成四十八局。」順逆各不同，故有順子一局與逆子一局，二十四山之順逆，共可成立四十八局。如山當運，則水不當運，如水當運，則山不當運，水的運不可用到山上來，山的運不可用到水裡，即所謂「正神上山，零神下水，山上龍神不下水，水底龍神不上山。」

陰陽兩宅，立坐向，要能收到山神之正運，納水要能納到水之零神，如立坐向收到水的零神，而納水納到山龍神，正好相反，福未至禍則先到，這是為什麼呢？因為山龍的氣，自高而下來，見到水處則止，水神的氣，自水底而上來，見到山則息，不下水不上山，是由於來氣不同，止氣的方法也有別，所以「青囊序」曾公云：「山上龍神不下水，水裡龍神不上山」，此其故也。又曰：「水主財祿，山人丁」，其性不同，所主亦不同。

陽宅納氣以納山運為主，收水以收水運為主，各有所主，各有用法，不可不辨。

第十節 陽宅以得運為先

人居住的陽宅，由於建築地點不同，雖分有城市陽宅、平洋陽宅、山崗陽宅，總離不開其要旨，人居宅中以收納氣為主，人無氣無以生存。城市的陽宅重街道馬路，平洋的陽宅重納水，山崗的陽宅，重山谷來的風；街道馬路人車來往頻繁，帶動氣的流動；平洋間的河水溪水，水的流動也帶動氣；山谷的凹處也是山風的來源，風也帶氣。

氣本無吉凶，為萬物生存所必需，無氣無可賴以為生，但何謂生氣煞氣？是八卦方位使然的。然而八卦各方位也無吉凶，何以謂八卦使然？是時間使然的，時間就是天運，天運隨北斗九星的斗柄轉移，斗柄所指之處，有其不同的變化，如斗柄指東，則天下皆春，如斗柄指西，則天下皆秋。春則萬物皆生，秋則萬物蕭條，有生有滅是天運使然。

天運隨斗柄而轉換，斗柄是無形的威權，斗柄指生萬物皆生，斗柄指衰則萬物皆衰。人是萬物之靈，自不例外，吉與凶也是斗柄的威權使然，所以人要趨吉避凶，必定要知道斗柄所指宮位，是生氣或是煞氣，迎生氣避煞氣，是人求生為福的道源，不知道生氣煞氣，就不能掌握人生，人身難得，求福更難。

陽宅是我們生活的地方，能知道迎生氣，避煞氣，則求福不難。生氣就是天運，居宅能與天運配合，心想事成。所以陽宅不僅要有納氣的形勢以及卦理，更重要而最先要考慮到的是，所納的氣是否合天心正運，天心正運是興廢的關鍵，所以陽宅以得天心正運為先。

第九章

陽宅個案實例

居家順遂，公司工廠營運好。
世上賢士，莫嘆青春容易老。
識得陰陽，求財為官姓名揚。
把握機緣，須知此言為津梁。

個案一：仁愛路圓環辦公樓

位在圓環四周的陽宅，由於汽車日夜不停奔馳，產生氣流均往環外四射，陽居所收納的為反弓氣，陰陽兩宅最忌諱反弓水，凡收納反弓水，無不洩財退敗，尤其圓環汽車愈多其氣愈盛。如台北市仁愛路與敦化南路交叉的圓環，汽機車流量最大，因此產生的氣流，也就旺盛，所影響就大。財神酒店一發即敗，現改建為台新金控大樓。萬成通商大樓全樓曾空著已經很久，現為潤泰集團收購，重新改建大樓。其他也不用說，唯獨靠仁愛路旁的環球大樓（白色），老神在在，屹立不搖，雖同處在圓環四周，可是由於坐向及內部使用不同，結果就大大不同。

兩位好友林先生與呂先生，這棟大樓建造完成就將公司遷至第十五樓，從此公司營運非常順利，營收逐年增加，人員也安定。然而也並非全棟大樓的公司全部如此，也有熬不過二三年就走的，不在少數。林先生做了長期觀察，發現在這棟大樓營業的公司，凡負責人辦公室設計安排靠近正面，也就是靠圓環這邊的，都較不順利，遷移的公司，都是這樣。從陽宅學立場加以研究分析，有其必然道理。

這棟大樓面向圓環為西南，向坤，後坐為東北，坐艮，背面左邊是陞廈大樓，挨在一起。一個樓層劃分二單位，林先生的公司在頂樓右邊那戶，後坐沒有其他高樓阻擋，以他的公司層面看，面圓環是有色玻璃帷幕，後邊為一般可開關透明玻璃窗戶，陽宅以納氣為原則，東北方的氣就相對比西南方為強，雖坐東北朝西南，因前後納氣有強弱，故應以強為主。

林先生深懂堪輿之道，面對這既定場地，他知道如何規劃安排內部。電梯出來右轉即是大門，進門左邊隔一會客室，右邊通辦公大廳，東北面隔成二個房間，他利用東北面強盛外氣，一間辦公桌擺坐巽向乾，房門開在乾位，配合右邊窗戶之艮氣，並在窗座邊裝冷氣送風機，理氣即房門為乾，配合艮外氣、乾屬陽，艮屬陰，雖不合淨陰淨陽法，然因艮的先天卦在後天卦乾位上，先後天通氣，大於淨陰淨陽法，非常吉利。另一間房，辦公桌位擺坐乾向巽，房門在巽位，配合窗戶艮外氣，也非常吉利，因為巽為陰，艮也為陰，合淨陰淨陽法，又艮為巽之武曲星也是吉星，合輔星水法，請見圖（一）、（二）。林與呂兩位先生在推動公司業務，能夠順利即因負責人辦公室符合理氣所致，因此負責人辦公室絕對馬虎不得，負責人辦公室安排得法，招致吉祥，當然可庇蔭屬下，猶如宅主人獲福，其子女同樣受益。

同棟大樓，由於所處樓層高低不同，以及宅所處方位不同，與外界其他建築體，相距遠近，納氣強弱，內部隔間，負責人坐向，動線安排，有著極密切關連，故審視陽宅，必然要外勢內氣兼顧，才不失偏頗，掛一漏萬，而招致災禍，業此者，不可不慎，否則，為人謀福，卻反招禍，所謂「福未至禍先到。」

(圖一)圓環

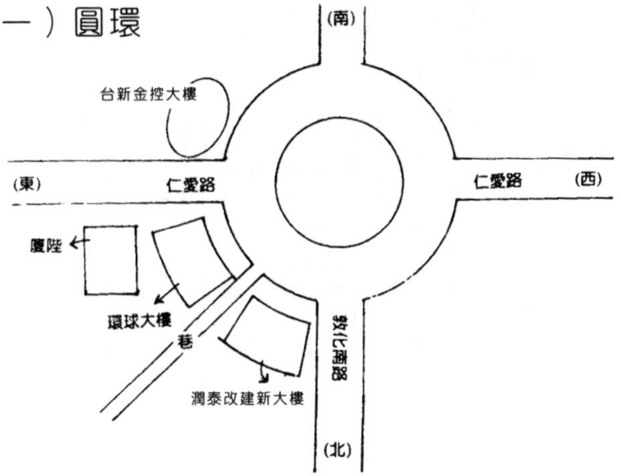

(圖二)負責人辦公室

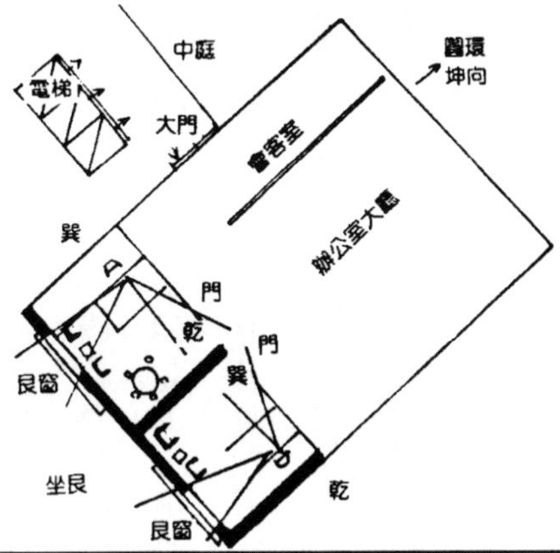

（圖一）張氏新店二層透天宅

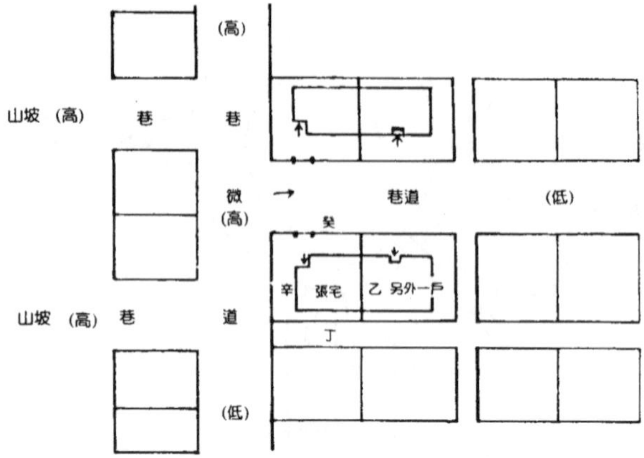

個案二：張氏新店二層透天宅

張氏四年前在台北新店山區一處建設公司整體開發社區，購買一戶二手二層透天厝住宅，由於是我的至親，購買時邀我鑑定，該區是一處極為平緩的山坡地，原宅是兩面臨巷道，宅原是坐南朝北，用羅盤一格，是丁山癸向，唯因是山坡地，從西北方及西方緩緩下來，巷道一在宅的北邊，一在宅的西邊，宅的右邊連另外一戶，後邊斜坡還有另外一排宅子，不見低陷（請見圖一）。問我可不可買下，我說：「可以，不過照舊不好，可以修改，一定要修改才可用。」張氏很信賴我，就買了下來。

買下之後，第一步我建議將原來做為宅入口處，缺

（圖二）張氏修正後之二層透天宅

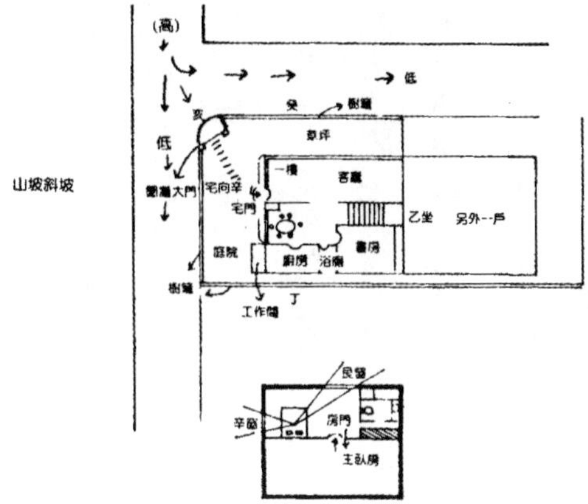

西北角的部分連同二樓一起加蓋補起來，第二步將宅向改為向西即朝辛，並將宅大門移至西邊中間位置，即辛向中間位。第三步圍牆大門設在西北方的亥字上，並在亥位上取亥向，第四步三面（北西南面）做花檯植樹當作圍牆，北邊圍籬要比西邊高（請見圖二）。如此，變成朝辛的宅子，立於圍牆大門，只見巷道遠遠地朝門口斜來，到門口再分左右兩邊而去，下雨時雨水即隨路面朝門口而來，然圍牆大門比宅大門微高，水可抵達門口，合乎「水要入喉」的形勢，若「水不入喉」，財過門而不入，枉費心思，沒有作用。北邊與西邊的空地整平，植韓國草皮，西向左邊有一間工作間，正好可做砂以攔去水，宅向庭院水有停蓄形勢。經過這樣修改之後，這宅變成坐乙向辛，宅前形勢飽滿，西北方之乾峰遠顧，圍牆大門設在乾卦以收亥氣亥水，宅坐乙方微低，陽宅坐空朝滿，符合「都天寶照經」中所言：「天下軍州總坐空，何須撐著後頭龍。」陽宅坐空朝滿，是因可收宅前之逆水，要求發富，必須先得逆水局，才能速發，陽宅用門路，應以先得形勢之逆局為訣。

形勢修改完成，理氣上更妙，宅向變為辛，辛納於巽，其辛為陰，圍牆大門在亥位亥向，亥也屬陰，宅向與大門均合淨陰淨陽法。然亥屬於卯（震卦），依輔星水法，從其辛翻卦到亥為巨門星，巨門星管財帛，又因來路形勢微高而至門口，下雨時雨水順勢而入，即所謂「巨門帶財來」。形勢配合理氣，理氣因形勢而發動催財之力。這種格局即是地仙楊筠松在虔州山中為人改陽宅救貧的五鬼運財方法，指出「只管用現財，自有運將來」。可見這種特別格局，不是隨便人可獲得，非經高人指點，世人永不知道。

張氏將房子依照吩咐改造完成，很可惜他是用來做別墅的，只有假日去度假，不是每天住在那兒。我經常勸導他，好房屋要經常住，才會有感應，否則，偶爾去住作用甚微。他聽我這嘮叨的樣子，應我一句：「我很好，有什麼不能解決的事，到那兒思考並住上一晚，隔天自然有了答案，今年只淨賺了幾百萬而已……。」我聽了有點不解，我勸他要常住，他卻說很好，只賺了……而已。很意外，光是假日去住，就有這樣的反應，如果真能每天住，可以肯定確實是救貧得財之法寶。

個案三：林氏高雄三合院住宅

（污穢文昌　永不科甲）

我一位林姓朋友，老家住在高雄的鄉下，是一個傳統式三合院住宅。傳統式的住宅，正廳一定設在正中央，左右兩邊各有臥房二間，共有五間，左右最靠邊的臥房，各延伸建有廂房三間，略低一點，即形成標準式的三合院（詳請見圖一）。大廳設有神位與祖先香火，睡覺臥房分列在正廳二旁，床都用木板建成，俗稱「總鋪」，可以睡好幾個人，大人小孩都擠在一個大床鋪，人再多一點，就分配睡在左右兩邊廂房，早期台灣鄉間，這種三合院住宅，非常普遍，到處可見。目前由於鄉間發展快速，加上老舊關係，又沒有現代化衛浴設備，環境較差，不符合現代住家需求，大部分已拆除改建，已經不復多見。不過，這種建築，在台灣早期，的確擁有多數。

三合院住宅，在台灣早期工商不甚發達時期，住的人均以務農為主，且都三代同堂的大家庭，第一代都務農，第二代有的跟著父母下田，環境較好的，都能被鼓勵接受教育，第三代因教育普及，全部都要進學校。第二代的人，大約現今年齡分佈在六十到八十歲之間，生長時期社會物質非常缺乏，因此養成勤奮克苦耐勞的習慣，不管務農從商或讀書求學，都能克勤克儉。目前社會中堅份子，維繫社會國家穩定的就是這階段的人。

三合院住宅設備，沒有現代化的衛浴，往往是廁所與浴室分開，廁所沒有化糞池，通常設在屋外，成一個單獨部分，因為積存的糞便，要一段時間才能一次清除運往田間當肥料，所以平常囤積的糞便，非常的臭，上廁所都不能久待。這種廁所不像現代的這樣乾淨，經過密封儲存，化糞便變水後由水溝排掉。因此，三合院的老式廁所，臭味很重，對居住的陽宅，安置在哪方位上，便成重要的課題。例如林姓朋友在高雄鄉下的三合院住宅，坐壬向丙，即是坐北朝南，依照前章說明，坐北朝南的陽宅，文昌位是在宅的東北方位，這三合院的廁所，剛好安設在東北方，也就是廁所壓在文昌位上，宅的文昌位上，最忌諱設置廁所，糞便囤積沒有清除，臭氣沖天，實在犯了大忌，正所謂「污穢了文昌」。

（圖一）林氏高雄三合院住宅

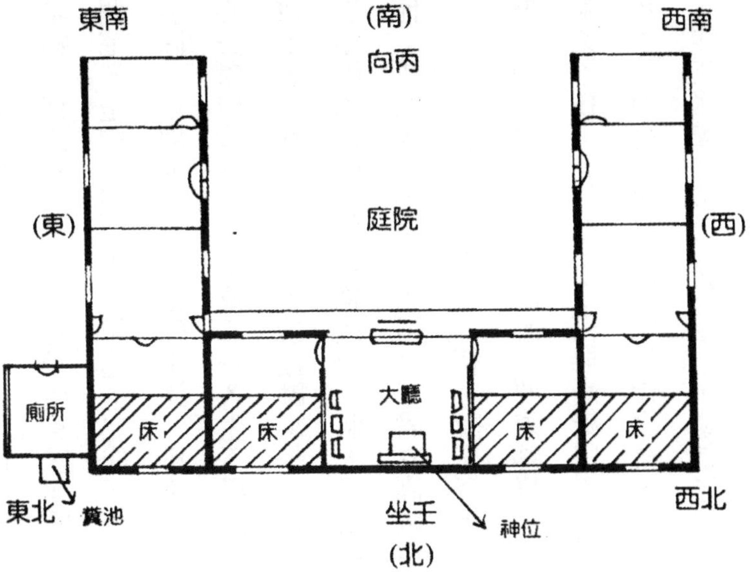

林姓朋友這三合院，住的是三代同堂，父母親下來，四男三女，第三代孫字輩的也有十個。林姓朋友是第二代的四男，在那宅子生長求學讀書，他親身經歷這宅子裡的一切，他回憶著說：「這個宅子是約民國三十二年建造完成，台灣光復前二年，足足住了五十年，在民國八十二年才拆除。他與他的三哥比較幸運，可不必與大哥二哥及三個姊姊，跟隨父母下田務農，可以專心去學校讀書。大哥及二哥各生三男二女，共十個全部被送去學校讀書，從小學到高中都在這宅子，共有十二個人被鼓勵求學，長輩不希望這十二個人，跟著下田，因為田地不多，務農僅能糊口而已，可是這十二個人只讀到高中，全部走了樣，都上不了大學，最可惜的，是他二哥的大兒子，高中考上了省立高雄中學，高雄中學當時是高雄地區，上大學最好的學校，就像台北的建國中學一樣。說來奇怪，上了第一學期，他跟他的二哥表示，他讀不下去，整天頭暈腦脹，很不舒服，要求轉學，後來沒有辦法，他的二哥只好讓他轉到省立高雄水產職業學校，高雄水產學校與高雄中學，是天地之別，因此，也與大學無緣。」林姓朋友又表示：「他高中畢業去服完兵役之後，民國五十七年才離開這宅子，北上在台北繼續他的求學，半工半讀完成大學的學業，還進了研究所。他感覺奇怪，住在那宅子裡，求學讀書就是不行，無形的阻礙與困擾特別多，致使全家十二個人讀書升學，全軍覆沒。他想不出所以然來，不可能十二個人，天賦資質都不行，機率不可能百分之百。」

我告訴林姓朋友：「最主要理由，是這宅子將廁所壓在文昌星位上，以致『污穢文昌，永不科甲』。」他若有所思，默默然。或許他已經得到答案。

污穢文昌，這非常嚴重。不僅住在宅裡的人，讀書升學不順利，重要的國家就業考試，如考試院辦的高普考試，技術人員的自由職業如律師會計師，土木建築師，醫師藥師等，都屬科甲的範圍。尤其公司裡重要職員升遷，政府機關人員調升，首長的官運，莫不受陽宅文昌位的影響。職位升遷不順，常常做陪榜的，你不妨反過頭來，檢視你的住宅，有否廁所設在文昌位上，只要查出原委來，去除病根，你的努力才不會百般挫折，升遷上榜，才有希望，才不會永遠當別人的陪襯。

個案四：賴氏彰化大村三合院住宅

在十多年前（七赤運時）某一天，賴姓朋友不知為何，突然邀我去彰化，他說回去老家走走，我想反正沒有事，要我去就去，賴某也是多年深交朋友，既然開口邀請，當然是不便回絕的，反正趁機去玩玩也不錯。

到了他老家，是棟老式三合院宅，而最令我感到訝異的，是宅前正廳的門口，種了四棵柏樹，已經長高到屋簷上，且又相當胖，門口那兩棵的距離，幾乎與門一樣寬，在庭院看，這四棵柏樹茂盛到令人感覺唐突，與宅顯得格格不入，很不搭調。賴某說：「這個房子怎麼樣？」這時我才意會到，原來他是邀我來看房子的！好朋友，沒關係，要看就看。我用隨身攜帶的小羅盤，在外格了一下，知道宅是坐西朝東，即坐酉向卯，走到正廳門口，朝宅前看，宅前是一片旱地，種植一些農作物，前堂開闊平整，門口那二棵柏樹，相挨得很近有點壓迫，距離與門同寬，站在門檻，用羅盤一看，兩棵柏樹中間，正是卯乙，走到廳內，供奉的神桌正對著大門，祖先香火在左，在香火位看大門，是在卯字土，可是在門檻看，因兩棵樹夾成的空間，卻是乙卯。

我心裡在想，不知如何告訴他，宅向即使向卯，雖然不是當旺的氣，也不致有大問題，可是卻因門口那兩棵又高又胖的大柏樹，把宅大門收的卯氣夾帶著乙氣，到達門口，不理想，因卯是屬陰，乙屬陽，乙陽來破卯陰，陰陽破局，卯又主桃花，不被破沒關係，一旦夾乙而被乙所破，桃花因而興起，而被導入宅內，最先受氣的是祖先香火，祖先因血緣關係，就反應在於子孫身上。形勢與理氣是如此的顯示，但是實在難以啟齒，猶豫了半天，賴某看我臉有難色，他先開口說：「怎麼樣？儘管直說！」我只好低聲的說：「收到桃花氣噢！男的都會有外遇。」

賴某聽我這一說，他不語愣了老半天，最後他說：「你說的沒錯，我們共有五兄弟，我的四哥與我住在台北，老大住這老宅在家務農，老二在省級機關，老三當西醫師，確實每個都有外遇，而且為其所擾，你不知道，我那位女友，我老婆已答應，要讓她進來一齊住了，而且房間都已經裝璜好了，即將要搬進來住了，連老四，腎臟已經壞掉一個，他都有。有什麼辦法沒有？」

我說：「有呀！很簡單，那四棵樹，可不可把它移走。」

他說：「不要說移走，砍掉都可以。」

我說：「那你就辦理好了！」

事情不曉得經過多久，沒有刻意去記，有一天賴某跟我說：「事情全部解決了。我那位女友不曉得為什麼不進來住了，剛開始向我要一些錢，後來也沒拿，不了了之。還有我其他四個哥哥，他們的外遇也全部沒了。」

我在想，樹被砍了，形勢就被破壞，沒有卯乙夾雜的桃花氣，僅有單純的卯氣，當然不為禍了。

賴某五個兄弟，四個均在外住自己的房子，可是他們沒有另外自設祖先香火，每遇逢年過節都回鄉下老家祭拜，雖不同住一起，桃花氣的感應，仍然及於全部，可見祖先的香火，是不可以隨便的。目前社會充滿性暴力，性犯罪，性騷擾，外遇亂象，有深受其苦其擾者，不妨審視自己住宅，有否觸犯這些毛病，從根本的病源解決，可獲得較好的效力，可以像賴某的祖宅一樣，病源找出來，一下全部解決也不必大費周章，效應很快。

賴氏彰化大村三合院住宅

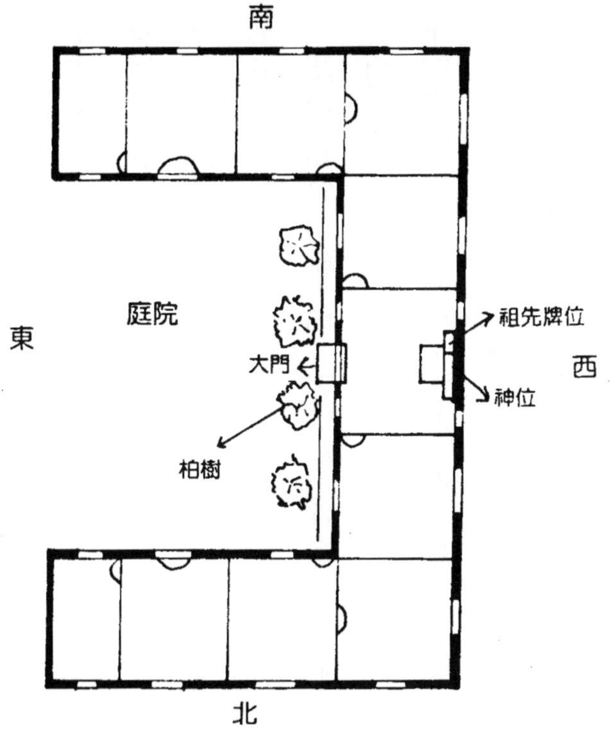

個案五：曾氏信義路獨棟住宅

將近三十年的老友曾先生，是位自由執業的西醫師，家住在台北市信義路二段的巷子內，應診看病診所在金山南路上。住家與診所就陽宅理論言，是完全符合的，致使他的醫師業務，近三十年來興盛不衰。

曾醫師的住宅，是一棟獨立的四層樓房，一樓前三分之二做客廳，後三分之一做廚房及餐廳，主臥房安設在二樓，三四樓兒女的臥房。宅向是坐西向東，即坐辛向乙，宅前臨八米巷道，宅的右邊為車庫，另設車庫大門，專供車子進出使用，平常是關著，人的進出，是由圍牆大門，經庭院再進客廳大門。這宅子最特殊的，是宅的客廳門口設有一水池，挨門口很近，僅容一人進出的距離，正對著門口，水池的深度有六十公分（詳請見附圖一），蓄滿著水，還養金魚，宅是乙向，立在門口，圍牆門正好在午字上，這戶宅子已經住了將近三十來年，全家平安，他的業務均保持良好，尤其實施全民健保之後，雖然有受到衝擊，可是程度也極有限，仍舊是可以維持，不致發生嚴重影響。

近二十年來曾先生的業務，能維持穩定不衰，就其住宅與診所而言，是完全符合陽宅的形勢與理論。陽宅與陰宅一樣重水，水設在宅居何方位，有其一定的方位，而方位的選擇除配合宅向外，更要選擇時間上最有利的，也就是水應設在那個方位對目前能產生催財作用，假如安錯位置不但未能起作用，反而會招致災禍。曾先生的住宅在門口正前面，即是乙方位上設有水池，乙方上的水，在時間上目前最有利，乙方上的水就是旺水有催財作用。水不但可催財而且還可制煞，有雙重作用。另外曾先生的診所，是坐東向西，即坐乙向辛，在一樓面向金山南路，進宅大門開在宅的正中間，診察室設在西北角位置，西方有窗戶，因金山南路路面很寬，整個宅子是收納宅向辛方的氣，大門又在正中央（詳請見附圖二），是個辛向宅開辛大門的宅子，動在辛位上，合乎宅法，因此，在這宅子的業務，歷久不衰，雖然有全民健保的衝擊，依然穩立不搖。因為大部分單科的診所，假如沒有參加健保，可能病患都沒了，但曾先生仍然不需要參加健保，還可維持實在是件不容易的事。

想要事業屹立不衰退，必須要有好的宅第來做基礎，否則，不可能長期維持在顛峰而不起變化的。宅第不僅住家要好，執行業務的地方也要合宅法，才是事業永久的基石，也就是要有成功的宅第才能永保成功而不墜。

（圖一）曾氏信義路獨棟住宅

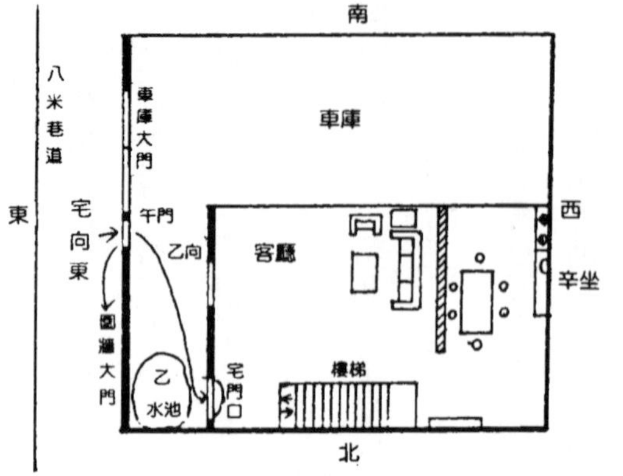

（圖二）曾氏金山南路診所

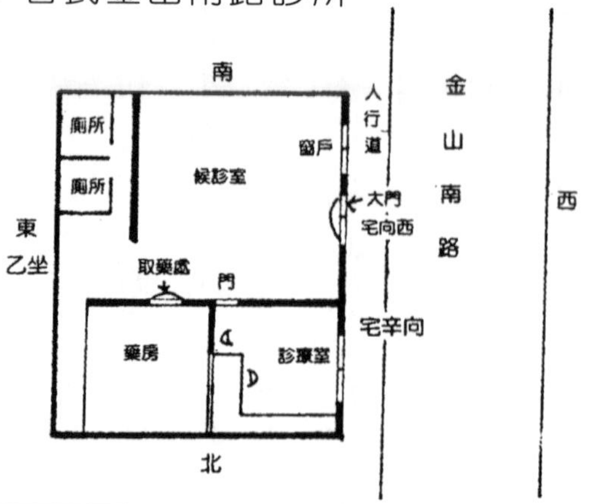

個案六：王氏木新路住宅

王先生原來住在新店的山上，房子有局部增建，後來遭到鄰地地主的檢舉，被拆除，又加上小孩讀小學的關係，搬到台北市文山區的木新路，以便小孩上學。王先生早年也學過陽宅堪輿，可是他搬到木新路時，卻沒有考慮宅法，隨便買了一戶六層樓公寓的一樓。他住了將近五年，卻得了大腸癌於民國八十五年八月份逝世，享年只有四十六歲。

王先生決定買這戶房子，事先並未告知，我這裡所謂「事先並未告知」是因為王先生是我最要好的朋友，有事沒事都經常在一起，三兩天都會一起吃頓飯的，所以我說他事先沒告知，其理在此。房子買好要搬進去住了，他才帶我去看，可是一切已太遲了。房子是偏長形的，前後較長，左右兩邊較窄。前院有一半以上做為地下停車場的入口處，設有汽車升降機做汽車進出車庫之用，汽車入口處上面用紅色的鋼皮做蓋頂，並向屋內傾斜。剩下不到一半前院，才是他的進門通道，前頭有圍牆大門，為小格子透空的不銹鋼門，客廳的進門是一扇落地玻璃窗，王先生的臥房在客廳旁那一間，剛好在汽車入口的升降機之後，距離動點最近，最後邊那間臥房是一對兒女睡的，王太太因孩子還小，常常陪孩子一起睡。

這宅子的形勢，站在前圍牆大門可以一直看到後院（詳請見附圖一），屋向坐西朝東，方位為坐庚向甲，整戶宅子的動點都在宅前，一邊是汽車入口的升降機在動，一邊是圍牆大門人進出在動。那時正值七赤兌管運，零神就在震卦位，這戶宅朝甲，是屬震卦位，乃從客廳入門處看汽車升降機是在卯方位，也屬震卦。全部動點都在震卦，零神位不宜動，動則將會使零神殺氣引入宅內，所謂「動凶則凶，動吉則吉」。王先生的宅居，正好是動在凶處，汽車升降機的動比一般大門動得厲害，所以凶就顯得厲害。

王先生當初買了這戶房子時，我曾懷疑的問他：「你怎麼買這房子！」他卻很平淡的回答：「放下，不要去管他就好了。」「放下」這個名詞，常見於佛家，勸人遇事不解而耿耿於懷時，不要太執著，看開一點。他的意思大概是說，不要太執著。「放下」這句話說來容易，做起來倒不是那麼簡單。王先生在搬家之前，曾經跟隨大師學佛多年，有相當的心得，也曾學過陽宅堪輿，他卻捨棄不用，大概受佛學的影響，只要心不起貪嗔癡邪慢疑，凡事隨緣不執著，就沒事了。

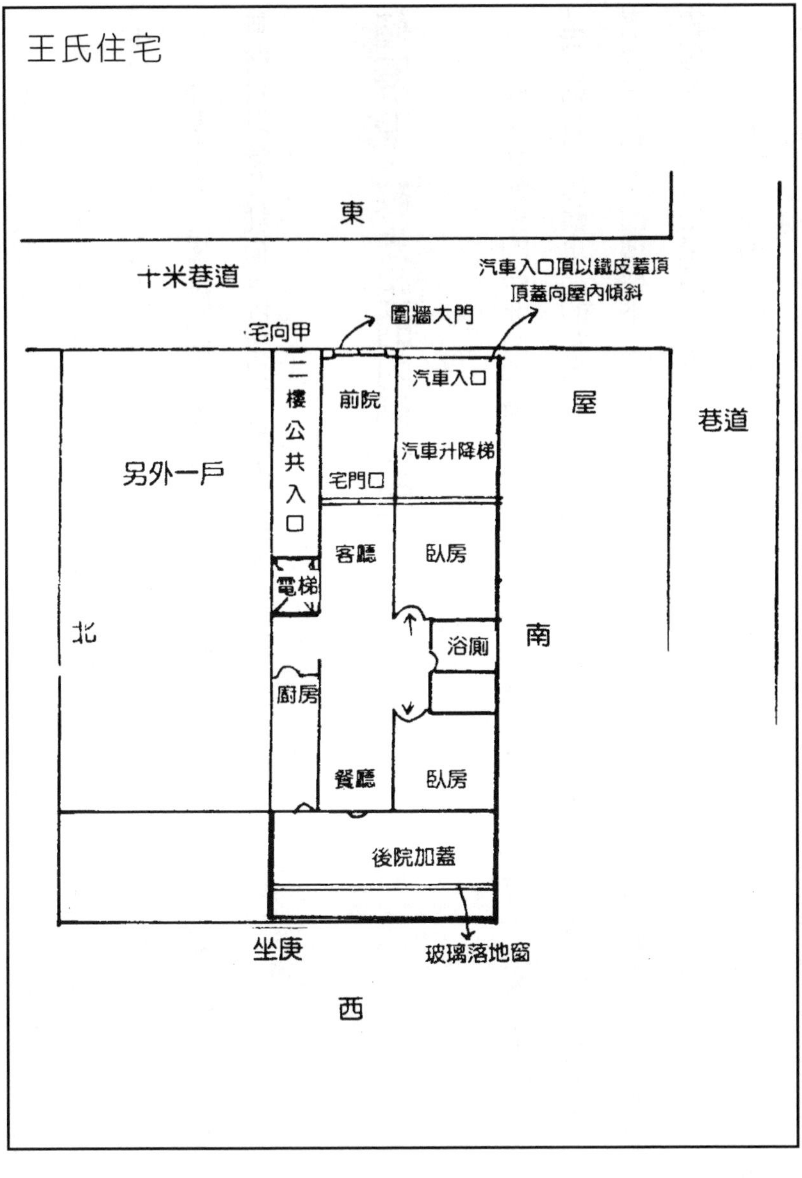
王氏住宅
東
十米巷道
汽車入口頂以鐵皮蓋頂
頂蓋向屋內傾斜
圍牆大門
宅向甲
二樓公共入口
前院
汽車入口
汽車升降梯
宅門口
屋
巷道
另外一戶
客廳
臥房
電梯
北
浴廁
南
廚房
餐廳
臥房
後院加蓋
坐庚
玻璃落地窗
西

我個人認為除了悟道的高僧，已能了脫生死之外，否則，一般人的肉體，仍舊要受五行生剋制化的影響，尤其修行的人，總喜歡找一處環境優美的地方潛心修行，環境優美不外就是合乎宅法的地方，所以未悟道之前，肉體仍然脫離不了陽宅的影響。

好友王先生懂得宅法，卻捨棄而不用，身受其害，實在令人遺憾。王先生因是公務人員，無財可以令其耗損，以致只有折損身體了。

個案七：蘇先生的內湖住宅

好友蘇先生的台北內湖煙波庭住宅，是座雙併三層樓透天厝，座落在小山丘的腳下，因地勢約有一部轎車高的落差，與巷道平的地下室做為車庫，住宅的一樓即在車庫上方，進出需經由宅的左前樓梯下來，在宅的一樓看其形勢，是屬後坐山高有靠，宅前低陷的地理形勢，經羅盤的察對是坐西朝東。

從形勢看宅前低陷，對財是不利的，又加上元運至七赤兌司令，即西元一九八四年（民

（圖一）蘇先生內湖住宅

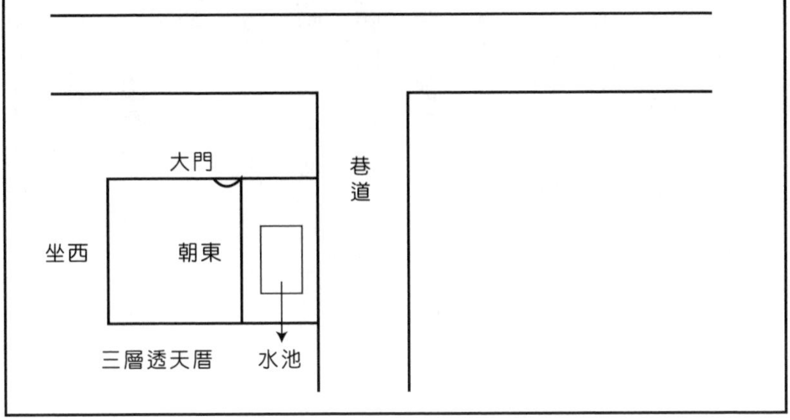

國七十三年）至二〇〇三年（民國九十二年）止，東方有大煞，蘇宅朝東正好納到煞氣。蘇先生從事歐洲高級服飾進口，在各大百貨公司設專櫃銷售，由於事業穩定行有餘力，因緣巧合做了業外的投資，全權委由專業經理人經營國外期貨，原本約定經理人參股投資，股款由蘇先生先墊，即展開運作，沒想到大約一年左右，公司的資本連帶一些親朋委由代操，竟吃了大虧，而朋友輸掉的竟然要求蘇先生負責，惹了些麻煩，不得已結束業務，經理人應出資的股本也沒有如約繳交，演變到最後蘇先生一肩承擔，他告訴我：總共虧掉十部 S320 賓士車，依當時一部 S320 賓士大約要新台幣三百五十萬元，十部總共三千五百萬元，在當時那是一筆很大的數字。

我看到這種情形，於心不忍又是好友，有一次到他家閒聊時，告訴他可在宅前，客廳外面的平台上做個蓄水池，並將窗台修低一點，他的夫人也在場，講完後沒有特別交待一定要做。蘇先生對風水事不排斥也不熱衷，倒是他夫人聽進去了，隔沒有多久再度到他家時，蘇夫人告知水池和窗台全部完工了，令我驚訝他夫人執行力之強。

之後蘇先生仍舊從事他的老本行，在我觀察之下，他服飾銷售點也沒擴展增加，維持原來點數。可是隔了數年之後奇妙的事發生了，他在中山北路晶華飯店右邊租來的店面，房東告知屆期要收回不再續租，這時他心想：這店面已經二十年有穩定的客源，不再找個店面繼續營業，讓客源白白流失很可惜。就在這樣的想法，發現對街即晶華飯店正前方，有家一樓店面鐵門關著，這樣好的地段實在不尋常，經打聽得知房主銀行貨款無力償還，已面臨即將提交法院拍賣，蘇先生得知後直接與債權銀行與房主取得聯繫，很順利的將四層樓的店面整棟買下來，那時正逢 SARS 流行病之後房地產景氣低迷，蘇先生用很便宜價格取得，經整修後成自有的門市部，現在價值至少已翻了二倍。

不久，蘇先生又在內湖國會山莊，也同樣以很合理價格買了約九十坪土地，拆除地上舊建物重新建造一戶五層樓獨棟高級豪宅，做為自己住家，這棟房子價值至今也漲了許多。不僅如此，他利用台北房價飆漲時，將原住的煙波庭房子以高價賣出，以此資金轉購北市安和路一樓店面，以住家換店面，成為另一家門市，退掉敦化南路門市，省下每月三十萬元高額的租金，這樣轉換實在妙招，把房地產與本業緊密連接，把資金應用發揮極致，利用房價起伏將承租的店面，改變成自己擁有，增大財產的價值，短期間成為殷實的商人。

從地理風水角度看蘇先生前後的不同實有根據，在七赤兌司令（民國七十三年起）其宅坐西朝東，正好收納煞氣，加上宅前低階，失財是必然的，經以水池蓄水，以水制煞，化煞為權的方法，使得衰宅轉變為得旺水之吉宅，宅運一變所反映的隨之而變。若又往前推，時運來到八白艮司令，從民國九十三年起二十年，蘇宅仍然是個旺宅，其理是東方有水，其數為三，時運為八，其先天之理，三八為朋，東方之水仍是得旺，故蘇宅到八運時依然不衰。

個案八：蔡先生的內雙溪住宅

蔡先生的住宅位在台北市故宮博物院再進去的內雙溪山區裡，宅建在小山頭拖洩下來一處平坦帶斜的中段波上，山門在宅左龍邊高起處，門路順山腳到入堂門口，立於門前左龍高環抱過堂，右虎邊臨溪，堂前形勢左龍強右虎低，可惜右溪旁的山勢卻外抱左龍，形成虎抱龍，最為不妙的是，堂前的餘坡向宅前傾斜下去。宅向是坐東北向西南，這座宅第所有權登記在蔡先生名下，由其父母長期使用居住，由於蔡先生是常往來的好友，閒來無事他會邀約三五個朋友來此休閒聚餐，我是常客，眼見住宅形勢以及時運的更替，對蔡先生極為不利，有種不吐老梗在喉的不適服感。

蔡先生與前例的蘇先生也是老友，他們是同行皆進口歐洲服飾業，我也是由蘇先生介紹認識的，來往久了自然變成熟的朋友。心想之前已向蘇先生建議過風水事，同樣是朋友又經常一起在他家聚餐，也不能厚此薄彼，每遇有適當機會，都建議應當注意風水，可是蔡先生父親是個什麼都不信，是個鐵齒（不信邪）的人，無法令他信服。

來往久了自然會知道他家一些重大事情，譬如蔡老先生在家的後山蓋二三棟雞舍，養一種我叫它做雉雞，據蔡先生說每個要幾萬元的飼料費，雞又沒有賣，遇有朋友來專做宴客，養雞完全是虧錢。偶爾也聽到他的姊姊從國外回來向老爸要錢說要買房子，老爸沒錢都由蔡先生負責張羅或舉債。有一次聽到參股加入小舅子的藥廠五千萬元泡湯了，血本無歸。還有把二個小孩子以投資移民方式送到加拿大的溫哥華成為小留學生，他本身也去坐「移民監」，飛機來來回回，都是要花錢。而做的進口服飾業有沒有賺錢沒講也不便過問。

這樣的情況，來到地理風水的下元七赤兌司令的最後一年（民國九十二年），經過苦心婆心的勸說，過了今年以後宅的前方就不能動土，以後就沒機會了，等於下了一道最後通牒，他老爸終於同意依我的建議。蔡宅是坐東北朝西南，宅前是往下斜溜形勢，單以形勢論是一棟洩財屋，若加上時間的更替，到下元八白艮司令時，即民國九十三年起，蔡宅門口收納到煞氣，將會加重宅運的衰勢，失財會嚴重顯現出來，所以建議蔡先生在宅的門前，約十五公尺處開挖出一口長七公尺寬三公尺的大水池，並在水池後方築一高牆約一、七公尺，改變宅前斜溜形勢，並蓄水用以制煞，並將煞轉化變為旺水，即是所謂「化煞為權」真正救貧的方法。

依蘇先生約略描述，蔡夫人向蘇夫人常常調度資金應急，每次約百萬元以上，皆在公司允許挪用範圍，但次數多了也會超越極限而影響到本身。約在民國九十七年間有一天，蔡夫人又開口借調時，蘇先生主動邀約蔡先生夫婦來到公司，蘇先生將辦公室房門關起來，嚴峻而沉重的詢問：「你們常常調錢不是辦法，資金的缺口到底有多大？」

這時蔡兩夫妻聲淚俱下悲傷地將他們的財務狀況敘說出來：「我們已到了絕地，只有死路一條，乾脆死了一了百了。」

蘇先生夫婦異常驚訝何以嚴重到這種程度？蔡先生接著說：「農會有二千萬元房地抵押借款，盧姓同學二千多萬元，某一家銀行信貸五百萬元，還有一些高利的民間借款，不得已情況向地下錢莊借錢，現在已經無處可借了，連利息都湊不出來。」

蘇先生眼見朋友即將走入死路，於心實有不忍，生起憐憫悲心說：「高利貸以及地下錢莊的借款共計多少？把這兩處借款先解決，其他的部分再另設法。」

蔡先生說：「共計有四千萬元。」

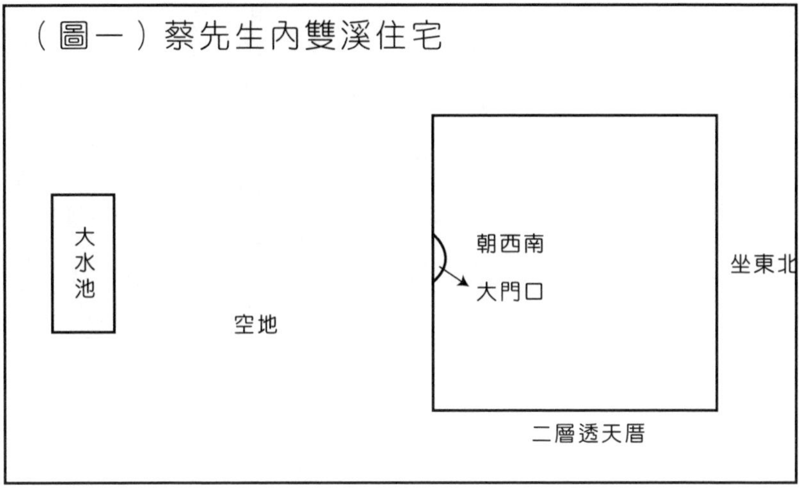

（圖一）蔡先生內雙溪住宅

蘇先生當下同意向銀行借錢替蔡先生先償還四千萬元，連同之前零星的借款共計有五千萬元，蔡先生也願意以內雙溪的房地第二順位做抵押擔保，來回應蘇先生的善意。蘇先生同時還囑咐儘快設法保住現有的事業，不要等那些債權人來扣押，否則以後連三餐都保不住，甭說以後還要償債重新站起來。

蔡先生至今原有的事業沒有受到牽累，仍然得以維持繼續營業，完全是蘇先生一再催迫促成的。現在只有農會二千萬以及盧姓同學二千多萬、蘇先生五千萬的債務，以及部分個人借款暫時打住，還懸在那裡尚未處理。

舉出本案，簡略述說，表面好像沒有什麼，蔡先生夫婦實際所受的痛苦，非筆墨所能描述，不親自經歷不知被逼債走頭無路那種痛。雖然無法形容蔡先生遭遇的痛苦，但從地理風水的角度看，蔡先生的住宅，宅前傾斜下溜，從形勢看是洩財的，加上時運一到，財務調度就會不順，一關被卡住，關關阻礙，所以才會調度失靈，向地下錢莊借錢，當地下錢莊逼起債來，真的會逼上絕路的。問題是蔡先生夫婦至今仍然好好的，並沒如其所想的一了百了，他的本業照舊運作，剩餘的債務暫時得以抒緩，應是九十二年催迫他在宅前開挖個蓄水池，產生制煞的作用，令他走到絕地時貴人適時出現，化煞為權絕地逢生，現在只要蔡先生將房地出售，債務得以清償而專心於事業，重生機會很大。

時至今日（民國一〇二年九月）結果出來了，蔡先生順利出售內雙溪的房地，得款一億五千萬元，足夠償還所有的債務，且尚有餘款，作生意運用，這應可證明，以水制煞真的起了作用，使蔡先生化險為夷，沒有如其所說的，「一了百了」的絕路，甚幸！

第十章 結語

宅法真理難琢磨，先賢古聖雖啟端，真意隱含未盡洩。

閱覽本書意尚濃，不嫌結語再叮嚀，誠心真意快易通。

陽居不宜須遷移，自有光明運將來。

第一節 陽宅比陰宅影響更快

中國人自古相信堪輿風水，都認為風水好壞影響人生禍福。堪輿風水不外是祖先墳墓之陰宅與生人居住之陽宅，堪輿家談論陰陽兩宅，認為陰宅影響後代子孫深遠，陽宅影響居住者快速，並主張兩者最好均能安置得宜，則生人無庸置疑必定獲致吉祥。

堪輿家的見解非常正確，陰陽兩宅皆要好，可是實際上大部分的人，無法兩者兼俱因此好的宅被壞的宅抵消，效應出不來。在兩者無法具備時，至少要求祖先陰平安不沾凶氣，使其不致產生禍害，再求陽宅合乎法理，以陽宅來創造機會改變運勢，因為陽宅影響吉凶比陰宅快速。「陽宅得一錄」云：「死者已枯之骨，非歷久而不榮，生人食息之場，隨呼吸而立應，欲求朝悴暮榮之術，須識移宮換宿之奇，歷試不逾吾言若契。」意指祖先陰宅，非經過一段很長時間，不會產作用而庇蔭子孫繁榮富貴，生人的陽宅，是生活的地方，關係非常密切，就像人一呼一吸之間，很快有所感應。想要很快地發達成功，必須懂得如何選擇住宅居住。

蔣大鴻「陽宅指南」開宗明義：「世人不識重陽基，陽基效驗在須臾，死生貧富如操券，育子遷官貴及時。」指出陽宅影響人生禍福，其效驗非常快速，生死貧富育子遷官在一瞬間。尹一勺說：「余嘗見陰宅最吉，陽宅極凶，而不發達者，既使稍發亦多迍邅。又見有墳平常，陽宅吉利而得顯榮者，且凶咎全無半點。陰宅蔭骨及兒孫，陽宅氤氳養此身，人生禍福陰宅居其半，陽宅居其半，而陽宅尤重。」

真龍結穴陰宅地，不易尋著，除非積善之家，既便已獲真穴地，也很難保持久遠，因台灣地窄人稠，發展快速，常因建闢公路、開發社區，或建造遊憩場所改變原有地形，甚或水流，嚴重破壞吉壤，光是保存已不容易，遑論尋覓一處穴場。既使尋獲，地主不願賣地，有再多錢也得不到手，加上政府嚴禁濫葬，難上加難。所以日後為免麻煩，人百歲後都被迫火化，就無祖墳。以此趨勢而言，陰陽兩宅只有陽宅可論。

陽宅選擇雖然仍應形勢與理氣配合，比起陰宅變數卻少得多，較易克服。譬如調換個人臥房、移個床位、改個大門，頂多換個房子，都是自己能掌握的，不必牽太多人及諸多條件，有不妥之處，要「移宮換宿」也比較容易。生活住宅、營業處所、生產工廠、政府衙門，無一不發生禍福關係。祖墳平常而不沾凶氣，想要扭轉運勢，拓展人生美景，陽宅效驗比陰宅快速，而且容易辦得到。

第二節 陽宅重納氣

將先人骨骸埋葬地下的陰宅，要接承山脈的地氣，舒暖溫和地脈，才能蔭養骨骸，生人居住的陽宅，建造在地表之上，要收納空中大氣，兩者截然不同。尤其現代陽宅，都往高空建築，距離地表很遠，想要承接地氣不可能，與地氣產生不了關係。

蔣大鴻說：「陽宅擇地，宜闊大不事秀麗，喜粗雄大蕩大江，收氣厚。」選擇宅基要求開闊平坦，不喜局小秀麗，大蕩大江之處，地廣無阻，氣流自然充足厚重，這是宅基條件。尹一勺也說：「亂流支河為陰宅所忌，正陽宅所喜，一線之脈陰宅真精，闊大之局陽基威嚴，不散亂則不見闊大，不緊束則不見線脈，二者相反。」陰宅因乘地脈之氣，所以喜歡局小緊束，才能見到一線下來地脈，而陽宅以收納天氣，須局大開陽，氣才雄厚，納氣充足。

蔣氏「陽宅三格辨」又說：「凡此三宅，皆擇堂氣開舒水泉平行之地而築之，而關於龍脈之結聚，世人以為龍脈結成陽宅，此說非也。即大而郡邑，更大而京師，亦擅氣局，非關龍脈，其謂勢聚而已，氣聚而已，豈有金針玉線，纏線絡繹而入我之戶牖哉。」又說：「凡陽宅之所收者外氣而已，山川風物，抱覽光華，雲奔電轉，其作用在土泉之表，非求之地絡之陰。」

陰宅乘地氣，陽宅納天氣，兩者迥然不同，不可混為一談。時下有人將陰宅選擇條件誤用於陽宅，並以陽宅之坐山論宅法。陽宅不必選擇山龍那一線下來的地脈，因為地脈是用來蔭養骨骸，也唯有山龍經過無數轉折脫卸粗糙外殼，匯聚而成一線地氣，才有綿延秀麗之氣貫注骨骸。陽宅是以收納氣為主，所納的要求雄厚充足，因此擇地開闊平坦，不喜緊束偪促，唯有寬廣之地，空中自然之氣才能流通順暢無礙。而何謂「納氣」即自然之氣自宅前過來，以宅的向迎接，陽宅以向接氣，即是納氣，因此宅是何向，接的就是何種氣。空中自然之氣，原本無異，只因宅向不同，所納的氣就因而有別。譬如坐北朝南，宅向南，其所納的氣即是南方的氣，又如向西的宅，所納的氣即是西方的氣，這些南方的氣，西方的氣等就是蔣大鴻所謂「外氣」。宅的作用在「土泉之表」就是在地面之上。所以陽宅重納氣，納氣要厚重。

陽宅除納氣之外，還有納光。光也是陽宅所必需，光有太陽之光，月亮之光，星星之光。白天有光，黑夜也有光。光原本也無差異，也因宅向不同，所感受光就因而也不同。譬如向北的宅，所感受的光就是北方的光，向東的宅，所感受的光就是東方的光，北方的光與東方的光當然不同，而影響也就不同。

選擇陽宅必須先確定宅向，宅向確定，就知道這宅所納是何種氣與光，故知宅向就能分辨其所納的是吉或是凶，納吉則宅吉，納凶則宅凶，吉凶即因而分焉！故言：「天光落處皆春色。」

第三節 理氣要有形勢配合

理氣是指八卦易理，形勢是指四周八方高低。八卦易理被推演得非常詳盡，運用非常廣泛，以致在陰陽兩宅引用，亦有非常多之派別，令人有無所適從之憾，光是要了解各派之論說，窮其一生也恐難完成，遑論篩選其中可用或不可用。形勢上之觀點更是莫衷一是，人言人非，各家所論亦各有所鍾，縱使能精研各家論說，實地堪驗更難上加難，理論常與實地無法契合。

援引何種理氣，或者形勢的辨識，理氣一定要有形勢配合。研究陰陽兩宅偏重理氣或形勢任何一方絕對不可，因為理氣是靠形勢來顯真靈，形勢之引用是要靠理氣才能有所準確，所以說：「理氣無巒頭不靈，巒頭無理氣不準」，此巒頭即言形勢。

理氣與形勢雖說缺一不可，但是更重要者，形勢不同引用理氣亦不同，也更因勢不同，看宅所著重之要點也不同，因此要理解的理氣就不可偏執一方。理氣有時不靈，就因某一方理氣，不可能放諸所有形勢而皆靈，某一理氣用在某一合適形勢宅是靈驗的，用在另一不合適形勢宅就產生不了作用，所以理氣有時因此不靈。形勢各不相同，天下沒有相同形勢，是故就形勢而援用合適理氣即是問題所在。本書所引用之理氣，是筆者篩選出來之大法大則，皆有其一之準確性，就其中對形勢之適用，也有所不同。

例如透天厝陽宅，處在鄉間平洋地，看宅應著重在水，宅前如有池塘，其池塘近或遠，近者可見水面水光，遠者不見水面水光，因可見水光與不可見水光，就形勢言就是形勢不同，引用理氣就應有所不同。近者應引用淨陰淨陽與輔星水法，分辨其池塘水光與宅是否配合淨陰淨陽與輔星水法。遠者不見水光，應引用大卦方法，如池塘在巽卦方位，宅向是離，後天巽卦其數為四，離其卦數為九，依河圖數理四九同處一方，且四為生數，九為成數，一生一成，為先天之理，後天之卦為用，離向宅巽方有池塘。又如城市陽宅高樓大廈距離地面較遠，與地面毫無關係，看宅重在納氣，宅向向何方所納之氣即是何方的氣，納氣且應厚重，厚重即是充足，宅前空曠無建築物阻擋或距離較遠者，納氣充足，宅前狹窄閉塞或馬路街道距離近者，納氣不暢不足。宅前兩邊高樓成品字形，品字中間那棟納氣專一且足，即構成良好納氣形勢，城市高樓大廈，陽宅應選擇有構成良好納氣形勢者居住。

城市高樓陽宅與平洋透天厝其形勢完全不同，城市陽宅首重納氣，納氣即應納當今之旺氣，旺氣即是元運之天心正運。最注重元運者為三元家，不論是陰宅或陽宅以元運優先考慮，其主張唯有能承納當值之元運，才能產生預期應驗，否則「處處是死的」。因此城市陽宅應依三元家主張首重納旺氣，所納的氣，來方應要空曠無阻擋，才能將旺氣順暢引進，否則旺氣減弱，其氣不威。

審視形勢，絕不可捨近求遠。陰陽兩宅形勢之感應，其吉凶應從最近處論起，因為最近處會最先產生作用，如捨近不先論，反徒遠處，等於是捨本逐末，吉凶禍福無所憑據。陽宅之門與路，宅之明堂，及其左右前後高低，看得見之水光，距離宅最近，關係最為密切，必須先了解其形勢之善惡，才不失準據。遠處之水，距離宅較遠，關係疏遠，禍福不立應。因此理氣要與形勢配合，即是從最近處論起。

第四節 看宅之扼要

陽宅因其所處之基地位置不同，看宅重點也不同。現代陽宅，尤其大都市裡均聚集平原地區，高樓比鄰而立，人口密集，車輛流動日夜不輟，與陽宅產生密切關係者為馬路街道，尤其居住一樓者，更是禍福相連。城市陽宅高樓一棟接一棟，空的部分只剩馬路巷道，加上人車熙來攘往，帶動氣感，將氣引入宅內，馬路街巷帶動來氣之方，必須與宅向配合，配合即是配合理氣（卦理）。而二樓以上住宅若看不到馬路就不需與馬路配合，因為已經離地，且其進出門路皆經樓梯或電梯，與馬路無涉，就不必論。然其看宅重點，偏重宅向以及各間臥房，門窗之配合，因其所納之氣來自空中，即來自空中之外氣，所納之外氣吉住宅即吉，所納之外氣凶住宅即凶。因此，同樣都市住宅，一樓與二樓以上其看宅重點完全不同。

陽宅若處在鄉間平洋地，疏疏落落的二三樓住宅，因其空曠面積大，不是水田即是小溝渠或是池塘，水田播秧時的水光，小溝渠的水流，池塘的水面，均是反光的媒介，水光對於陽宅之影響，與馬路一樣，因此，處在鄉間平洋住宅，以看水為第一要務，看水光在何方位反映過來，那一方位必須與宅向或宅門配合。若無水光之平洋地，應看宅之來路，路自何方來，路又有高低形勢之分，來方高，氣則從外入內，來方低，氣則從內而出，其影響住宅也不同，氣從外入內則吉，氣從內而出為凶，不可不辨。

陽宅若處在山崗地，其看宅重點又與都市、平洋不同。山區因地勢高低落差很大，馬路不是導氣主體，溪澗距離住宅一般而言也很遠，遠者影響不大，因此，山區裡的山風是唯一最能影響住宅，山風之威力非常之大，是足以令屍體翻覆，故陰骨埋葬必須選擇藏風納氣之處，生人宅居在山區當然也要選擇藏風之處，是山區陽宅第一要務。

山區之風，均來自山谷空曠處，即是風之來處，風自何方吹來，必須詳加審視，來方是吉，其住宅必吉，來方凶，其住宅必凶，而吉凶之分辨又以何為據？是以衰旺氣分辨，旺者天心正氣，衰者煞氣。山區陽宅有的喜歡選擇最高處，甚至稜線上，處在最高點很可能即是山之稜線，稜線上陽宅四方皆低，風可從八方吹來，毫無遮蔽可言，宅居在稜線上，日夜受風吹襲，那堪承受？處在稜線上之陽宅必敗，有財則是損財，無財則是損身體，不可不慎。

看宅不可拘泥某一不變方法，運用在各種不同基地陽宅，因為沒有一種方法放諸四海皆準，反之，看宅必須先識宅基是處在何地上，以其不同宅基再引用不同宅法，才不致失其準頭。總之，都市大廈居一樓者，以馬路為先，二樓以上者以宅向、臥房窗戶所收納外氣為主，且要充足。鄉間平洋，以納水為要。山區住宅，以藏風為重，納風必是旺風。握此大法，看宅審勢，才不失依據。

第五節 宅向

看一戶陽宅，首先要確定宅之坐向，確定坐向要用羅盤，且以二十四坐向為主。宅有坐與向，論宅有以坐為主、有以向為主。例如坐北向南宅第，以坐為主即以此北卦位，與開門之卦位，是否合乎理氣；若以向為主者，即以南之卦與開門之卦位，是否合乎理氣，論述其吉凶，也有以宅之坐與向，是否配合宅主命卦，論吉凶者，也有以宅之坐向論述是否得元運，斷其旺衰者。由於坐或向之不同，論斷宅之旺衰吉凶即有不同，準確性亦因而有異。

論陽宅應以向為主，是以宅向接納天氣，非如陰宅以坐承接地氣，陰陽接氣有別，不可混為一談。宅向有以八個卦位論述，若以八個卦位論宅，實嫌粗糙，不精細，吉凶較難以論斷。應該以二十四方位論較為準確，因為二十四方位分陰陽，又分天地人三元，陰陽有其匹配，天地人各有所屬，也各有其衰旺。

宅既以向收納天氣，不需配合宅主之命卦，因宅向所納之天氣，天氣旺即吉，衰即凶，因此，宅之吉凶以宅向所納之天氣是旺或衰而論斷其吉凶。宅吉何人居住皆吉，宅凶何人居住皆凶，宅之吉凶不因人而有差別。而所謂天氣之旺衰，是以三元家所注重之元運為據，元運即是天心正運，如宅向為二十四方位之午向，午方當運，宅即納午向之旺氣入宅，宅主全家必當吉，不會遭受禍害。若午方是當值之煞運，宅所納之氣必當煞氣，宅主全家必難免無災禍。

以二十四方向立宅，立向要純正，不可左兼或右兼，兼亦有可兼與不可兼（詳見第五章第一節宅向方法）。如宅為午，左兼丙，丙為陰為地元，午為陽為天元，陰陽不可互兼，天元地元也不可互兼，如兼則宅向所納之氣，就不純正，吉則不為吉，不可兼而兼之，則福未至禍先到。所以宅之立向「以正為訣」，則立正向也。

宅向所納之氣如為當值之旺氣，宅向之前必須要開闊，棟距越遠越好，開闊及棟距遠，使旺氣進入宅內無有阻擋，所納旺氣才能厚重充足，如受阻礙，旺氣不能順暢進入宅內，則旺氣不足，吉象被打折扣。反之，若所納者為衰氣，宅之前開闊無阻擋，則衰氣力強，衰象更凶。若高聳樓宇阻擋宅前，衰氣減弱，禍害即難伸張，故宅向之前是寬闊或狹窄，對所納之氣是吉或凶，有加減程度之影響。宅向之前不可有走獸飛簷或怪異物體沖射，若碰巧處在宅向之煞方位上，那流年一到，其宅必會發生凶災，飛來橫禍，而且其凶難當，不可不慎：

宅向前以開闊或平整為宜。

第六節 門路

進入宅子客廳第一道門謂宅之大門，其與圍牆大門之間的通路稱謂門路，或者宅之大門直接連接的道路也稱謂門路。門路楊公稱謂來路，何以謂來路，路喜來不喜去，「來」意指路之來處比門微高，雨水由來處緩緩流至門前，雨水向門前流入謂「來」。「去」意指門比路來之處微微高，雨水由門前流至路之來處，向外流出謂「去」。來則吉，去則凶。楊公謂來即帶財來，去則帶財去，路不來所以說：「官為太傅也須貧」，就是此道理。

門路平時做為人車行走途徑，由於人車行走帶動氣之流通，來路能將氣引入門內，去路也能將氣自門內引出，氣引入則吉，氣引出則凶，故來路去路因人車之行動將氣引入或引出「造成吉凶禍福」。當下雨時，也因來路去路，雨水經由路面自門流入或流出，流入即是來水，流出即是去水，所以陽宅門路是以水論。

陽宅門路首重來路形勢外，更需要配合卦理，即客廳大門與圍牆大門要合乎理氣，理氣應用首推天地定位，雷風相簿，水火不相射，山澤通氣。乾為天納甲，坤為地納乙。震為雷，震納庚，巽為風，巽納辛。坎為水，坎納癸，離為火，離納壬。艮為山，艮納丙，兌為澤，兌納丁。其用法為甲門配乙來路，或乙門配甲來路。庚門配辛來路，或辛門配庚來路。癸門配壬來路，壬門配癸來路。丙門配丁來路，或丁門配丙來路。形勢與理氣如能依此配合得法，即是楊公貧法，求財即得財。

客廳門與圍牆門，這二道門，仔細推敲還是有很精細學門，是一般人所無法了解，就因為無法了解最精密的這一點，造成沒有效應。門有二個問題，一是門有位置，另一是門有方向，門在宅那個位置必須先了解，例如丙向宅，丙門在宅的左邊、中間，或右邊，真正的丙向宅丙門，應在宅之中間位置，左邊或右邊的位置，均不是丙門。丙向宅丙門，要配丁之圍牆大門，先要確定丁的位置，丁位置確定之後，尚有方向問題，所謂「方向」即是在丁位置上取丁向門，才是真正丁門，因其取丁位丁向謂之也。假如只在丁位上取門而不立丁向，不是真正丁門。丙向配門，位置與方向任一錯誤，毫無靈驗，甚者還因錯誤而招致凶災，靈與不靈，其訣竅在此。

這精密學問，是現代談論陽宅理論，所未能了解的實際應用問題，筆者於此洩出，實發千古之秘，讀者甚幸！

第七節　臥房

臥房是陽宅住二樓層以上最重要的部分，應該審慎選擇。因為宅居生活在臥房睡覺時間最長，尤其睡覺是靜止狀態，在床上受氣感應也最久，因此在臥房能不能睡好覺，獲得充分休息，直接反應的即是身體健康與否，睡得安穩深沉，身體疲勞恢復快，自然健康，反之，則健康每況愈下，人就會有疾病。

臥房除影響睡眠情形外，尤其懷有身孕的婦女，更要注意，臥房納氣好壞，直接影響胎兒。十個月胎兒除直接受母胎影響外，也直接受氣的影響。氣即是窗戶外進入的空氣與陽光，空氣與陽光是大自然現象，本是無好壞吉凶，但因以床鋪中心點，空氣與陽光從窗戶那個方位進入，有了方位及方位不同關係，產生好壞吉凶。所以欲想讓胎兒日後成為健康活潑可愛，聰明有智慧，必須納到好方位的氣。

臥房要納得好方位的氣，還需要選擇位置，最好能避開廚房上層，不宜做主臥室，因為三餐在廚房生火炒菜，熱氣炎上，心屬火，且火灸向上至頭部，久之，不是腦部受損即是心臟有疾。兒女求學期間的臥房，其位置也應慎重選擇，應該在宅之文昌方位上，文昌位的臥房，求學能安心專心，考試能順利過關，尤其遇到有利年份，凡有考試必中無虞。

臥房如何納得好方位的氣，要注意臥房的窗戶最好只有一個，二個以上窗戶，只留最好的那個，其餘均予遮蔽不用，因為窗戶二個以上，外氣光線多方位進入，顯得混雜，好的無法顯現。另外窗戶外氣必須與房門方位配合（配合方法見第五章第三節），令使窗戶外氣與房門內氣，通氣合乎卦理，也只有外氣與內氣配合得卦理，才是個好的臥房，睡覺才能睡得安穩，身體才能永保健康，孕婦才能生出好的嬰兒，長大也才能成為有用之才。

床鋪床頭最忌擺在窗沿下，因為頭部接著窗戶睡覺，所納的氣，含混好幾個方位，同樣犯了混雜不清毛病，好的不彰，壞的特別靈，也應該避開。床鋪底下也不能亂擺東西，應讓它乾淨整潔，尤其忌諱條狀的東西，會使夫妻情感日愈疏離，而致齣齬不和。

第八節 宅內動線

陽宅外，街路人車行走是謂之宅外動線，宅內人行走空間是謂之宅內動線，而對整個宅言，做為臥房部分謂靜，活動客廳餐廳部分謂動；辨公室主管人員單獨使用部分也謂靜，一般職員共同使用部分相對謂之動，工廠安設震動力大之機械，相較於行走空間或者辨公室也謂之動，動有時成點，有時成線，幾個點連接即謂之動線。

易曰：「吉凶悔吝生乎動」，由於動產生吉凶禍福，所以陽宅論吉凶，必須從動處手，不從動處論吉凶則不靈。宅之大門是個動點，入宅客廳大門也是個動點，宅內行走空間也是個動點，這些個動點連接起來就是吉凶的根源。然而動何以會有吉與凶？因動吉則吉，動凶則凶。吉與凶又何以分辨？那必須了解元運，元運即是三元九運，上中下三元旺運在何宮，反之，煞運在何宮。旺運所臨之處動則吉，煞運所臨之方動則凶。旺運是天心正運，煞運是運之大煞。

宅內動線動在旺運方位則吉，動在煞運方位則凶。例如客廳大門或者臥房之房門，設在旺方則吉，設在煞方則凶。辦公室內主管辦公桌面對房門或者來路，如因收不到外氣，可應用對準旺方之內門與內路，也可產生一定的效應。

一般而言住宅要納到旺運外氣，不太容易，尤其連棟式集合住宅，只有前面及後面，兩面有窗戶可接納外氣，但是巧遇機會不大，要換屋更談何容易，如能知道旺運在何方位，即可利用室內動線，將床鋪移宮承接旺氣，也有相當助益。公司主管個人單獨辦公室，最為重要，如因無外氣可承接，一定要將其辦公桌對準旺門或旺路，事業才能順利。又政府機關主管個人辦公室也同樣要慎重，如也因無法取得外來旺氣，也應移向面對旺方房門或來路。

有些人以訛傳訛，不知真理，每遇到床鋪正對著房門，或者主管辦公桌正對著門，非常忌諱，甚至怕得不得了，迴避猶恐不及，其實不全然，只是碰到煞運方位才要迴避，如遇上旺運，反而要面對著它，更要直線承納，才能受益。

筆者以宅內動線方法，為人更改床鋪及辦公桌，可說無計其數，只要承得上旺運，沒有一個不照預期，產生靈應的。而今真正能將易理確確實實應用在實地，卻少之又少。堪輿這門學問，很難再自創，如有也只不過巧立名目，自誇自耀而已。一切實地實務，非依前聖前賢之易理是不靈的，然而懂得易理，沒有實務經驗，也是枉然。例如本節所引之易理「吉凶悔吝生乎動」，在實務上必以經驗分辨，宅內動點在那，動線在那，而後如何避煞氣，如何納旺氣，在在都須實務上有豐富經驗。

宅內動線應用，實是筆者四十年的體會領悟，也為現今陽宅不易克服問題，輕易獲得解決，到達蔣大鴻所言：「移宮換宿」之奇的境界。

第九節　元運

堪輿學問之說非常多，因而有許多派別，筆者大致上可將之分為兩大類，所謂「三合」與「三元」兩天派別。其中最顯著差異，三合重形勢，三元重元運。談論形勢學問，典籍上不乏精闢論述，可獲得正確理論。但是「三元」家所重之元運，卻很難在典籍上獲得真傳，尤以現今對元運說法，更是人言人殊，令人無所適從，可說到了偽說充斥，難得有個真的。

今人說也奇怪，視偽當真，死抱不放，實是遺害不淺。古之聖賢何以不將元運明明白白說清楚，是隱而藏之？依據蔣大鴻說法是，不能予以輕易獲得，得者會不珍重珍惜，因為大道無多，只是一點點而已，且又說父子雖親也不肯說，人能得遇是前緣。另有人說天機秘密不可輕洩，恐犯造物者忌諱，筆之於書恐遭天譴。所以說「一部寶照不下數千言，皆半含半吐。」

元運為何令古人不肯輕易洩漏，主因是「萬化根在天，北斗司元氣，在地八卦顯天心，曰吉，曰凶。」又因「八宅因門坐向空，三元衰旺是真宗，運遇遷流宅氣改，人家興癖巧相逢。」元運是陽宅興廢之主要因素，所以為三元家特別重視。

三元家雖特別重視元運，但以筆者經驗，元運運用必須要有形勢配合，才能更顯其精意，也就是「三元」與「三合」同時兼顧才是正辨，才是堪輿家的正途。例如陰宅歷經幾十年，不可能全都承得旺氣，運去則見衰敗，若能兼顧形勢美好，龍穴砂水皆宜，縱令運改，也不致所謂「運去即衰」現象，至少也能保平安。

一般而言陽宅遷移機會較多，不如陰宅那麼困難，尤其現代人遷徙頻繁，住宅都不會住得太久，因此，除了重視「三合」家之形勢外，更應特別優先重視「三元」家之元運，因為生人居住的陽宅，每日生活其中，關係生人非常密切，必須以得旺運為先，才能在短的時間內獲得助益。

元運有真有偽，真的隱而不宣，假的到處充斥。假的不說，真的近者首推尹一勺、蔣大鴻、無極子，遠者自楊筠松、黃石公等，其遺著中均可一探究竟，唯皆半含半吐，很難深得其意，唯有有心人，或者積善之家才能獲得。

要了解元運，說難的確很難，蔣大鴻說：「其間之妙難以名言，楊公雖指出天心之一端，而其下卦起星之訣，究竟未嘗顯言，則天機秘密須待口傳，不敢筆之於書也。」楊公雖有意講出來，而洩出天心一卦為開端，下卦起星方法，卻隱了下來，沒有寫在書上。然而說容易也很容易，蔣氏又說：「道德不云乎，常無欲以觀其竅，此正所謂元關一竅，大道無多，只爭那些子，些子合得天機。」尹一勺說：「些子是活的，即交媾中五得天心正運之一卦所臨，唯此一卦來交之地，陰即是陰，陽即是陽，些子一失，則陽非陽，而陰非陰矣，天地人三般卦，二十四路處處是死的，總隨這些為轉變耳。」

了解元運後，更要懂得用法，不知其實務上用法也枉然。何以陰宅要坐山承運，山無運要水承運，水無運要砂承運，砂無運要向承運，只要其中一項承運，均可發揮元運作用。而陽宅也一樣，宅向要承運，宅向無運要來路有運，來路無運水要有運，水無運要門有運，門無運要臥房窗戶外氣有運，最後總要宅內動線有運，或者房門有運，以上均無，只好「換宿」

就是搬家另覓有運之宅。

元運有兩種，一為山運，一為水運，山運與水運完全不同，陰宅所承的是山運，陽宅所納的也是山運，而水運適值相反，山運謂衰，即為水運之旺，所以陰陽宅納水，均要山運之煞方，故蔣氏云：「坐山有山之生旺，來水有來水之生旺，所謂山管山，水管水也，二者皆須趨生而避死，從旺而去衰，然欲識得此理，非真知河洛之秘者不能，豈俗師所傳龍上五行，收山向上五行，收水順逆長生之說，所能按圖索驥者乎。」

國家圖書館出版品預行編目資料

風水應該這樣學 / 元空居士著.
－－第一版－－臺北市：知青頻道出版；
紅螞蟻圖書發行，2013.11
面 ； 公分－－(Easy Quick；133)
ISBN 978-986-6030-84-0（平裝）

1.堪輿

294　　102021517

Easy Quick 133

風水應該這樣學

作　　者／元空居士
發 行 人／賴秀珍
總 編 輯／何南輝
校　　對／周英嬌、楊安妮、元空居士
美術構成／Chris' office
出　　版／知青頻道出版有限公司
發　　行／紅螞蟻圖書有限公司
地　　址／台北市內湖區舊宗路二段121巷19號（紅螞蟻資訊大樓）
網　　站／www.e-redant.com
郵撥帳號／1604621-1　紅螞蟻圖書有限公司
電　　話／(02)2795-3656（代表號）
傳　　真／(02)2795-4100
登 記 證／局版北市業字第796號
法律顧問／許晏賓律師
印 刷 廠／卡樂彩色製版印刷有限公司
出版日期／2013年 11月　第一版第一刷
　　　　　2020年 12月　　第三刷(500本)

定價 300 元　港幣 100 元

ISBN　978-986-6030-84-0　　Printed in Taiwan